Nudeln

Die 100 besten Rezepte aus aller Welt

Ausgewählt von Christian Teubner

Nudeln

Die 100 besten Rezepte aus aller Welt

Ausgewählt von Christian Teubner

Weltbild

Inhalt

Nudeln in allen Formen

Mehl, Wasser und zuweilen Ei – aus diesen drei simplen Zutaten werden Nudeln hergestellt. Eine ganze Industrie hat sich dieser drei Naturprodukte angenommen, um sie durch einen technologischen Prozeß miteinander zu verarbeiten und zu dem zu machen, was Nudeln heute sind: ein weltweit beliebtes Nahrungsmittel, das durch seine Schlichtheit zahlreiche Kombinationsmöglichkei-

ten mit anderen Zutaten zuläßt. Nudeln werden in einer nahezu unüberschaubaren Vielfalt angeboten: von langen, schmalen Spaghetti und dickeren Makkaroni über glatte, geriffelte oder zu Nestern geformte Bandnudeln und Hohlnudeln bis hin zu Farfalle, Orecchiette und all den anderen kleinen Nudeln. Die Italiener sind wahre Meister, um jeder neuen Kreation einen noch klangvolleren Namen zu geben. Sie teilen ihre trockenen Nudeln (»pasta secca«) in lange Nudeln (»pasta lunga«) und kurze Nudeln (»pasta corta«) ein. Abstufungen innerhalb der verschiedenen Sorten kennzeichnen die einzelnen Nudeln. Da werden Spaghetti von den hauchdünnen Capellini über Spaghettini, Spaghetti und Spaghettoni bis hin zu den dicken Linguine und Fettucelle gekennzeichnet. Abwechslung gibt es zudem durch die vielen bunten Nudeln, die zur Farbgebung, seltener wegen des Geschmacks, mit Spinat, Tomaten, Safran, Sepiatinte oder Roter Bete eingefärbt werden. Kernige Nudeln werden aus vollem Korn hergestellt und finden bei Ernährungsbewußten großen Anklang. Die Form der Nudeln ist jedoch wichtiger, als man glaubt, denn erst das Zusam-

menspiel von Nudelform und richtiger Konsistenz der Sauce oder des Ragù macht ein Pastaessen zum kulinarischen Erlebnis. Dabei ist auch der richtige Garpunkt bedeutend. »Al dente«, also bißfest, soll die Pasta sein, damit sie so richtig gut schmeckt. Während in Europa und Amerika die Nudeln fast ausschließlich aus Weizen, vor allem Hartweizen, hergestellt werden, verwenden die Asiaten andere Mehle. Die asiatischen Nudeln bestehen zum Beispiel auch aus Reis-, Kartoffel- oder Pfeilwurzstärke. Wichtig sind auch die aus Mungbohnenstärke hergestellten Glasnudeln und die aus Buchweizenmehl bestehenden Soba-Nudeln. Die japanischen Somen-Nudeln aus Hartweizen wirken wie lackiert, doch ihr Glanz verliert sich beim Kochen.

Nudelteige selbst gemacht

TEIGE, DIE MIT EIERN ZUBEREITET WERDEN.

Einen Nudelteig frisch herzustellen ist angebracht, wenn es sich um einen Teig mit Eiern handelt. Denn für die reinen Wasserteige bietet die Industrie beste Ware in allen Formen an. Doch für einen guten Eiernudelteig sollte man sich schon Zeit nehmen. Je nach Nudelart sind die Teigzusammensetzungen unterschiedlich. Diese werden sowohl von den Mehlsorten als auch vom Verhältnis Eiweiß zu Eigelb beziehungsweise Ei zu Wasser bestimmt. Normalerweise kommt kein Salz in den Teig, da es oft weiße Stippen hinterläßt. Wer allerdings den Teig salzen möchte, dem sei feinkörniges Salz empfohlen. Wichtig ist, daß alle Zutaten für den Nudelteig gut temperiert sind, denn nur dann lassen sich Mehl, Eier und andere Flüssigkeiten schnell und mühelos zu einem glatten Teig verarbeiten. Das bedeutet auch, daß die Eier nicht direkt aus dem Kühlschrank verwendet werden. Ganz entscheidend für das Gelingen eines guten Teiges ist natürlich das Mehl. Es wird in standardisierter Qualität angeboten und je nach Ausmahlungsgrad des Korns in Typen eingeteilt. Das Mehl der Type 405 ist das gängigste Mehl für die Herstellung von Teigwaren, Kuchen und Gebäck. Doppelgriffiges Mehl ist sehr feines Mehl.

NUDELTEIG NR. 1

Dieser Teig ist der Standardteig für die meisten Nudeln. Er läßt sich gut für geschnittene und für gefüllte Nudeln verwenden.

300 g Weizenmehl Type 405
3 Eier, 1 EL Öl
1/2 TL Salz, nach Bedarf 1 EL Wasser

Den Nudelteig zubereiten, wie in der nebenstehenden Bildfolge gezeigt.

NUDELTEIG NR. 2

Der Teig für gefüllte Pasta, wie etwa Ravioli, Agnolotti, Tortellini, Pansooti und viele andere.

300 g doppelgriffiges Weizenmehl Type 405
2 Eier
4 Eigelbe
1/3 TL Salz, nach Bedarf 1 EL Wasser

Den Nudelteig zubereiten, wie in der nebenstehenden Bildfolge gezeigt.

NUDELTEIG NR. 3

Dieser Teig erhält durch das viele Eigelb einen deutlichen Eigengeschmack. Er geht beim Kochen schön auf, nimmt also an Volumen zu. Er eignet sich besonders für Tagliatelle, Fettuccine und andere Bandnudeln.

300 g Mehl Type 405
1 Ei, 7 Eigelbe, 1 EL Öl
1/2 TL Salz, nach Bedarf 1 EL Wasser

Den Teig zubereiten, wie in der Bildfolge gezeigt.

Das Mehl auf eine Arbeitsfläche sieben und in die Mitte eine Mulde drücken. Die Eier, das Öl und das Salz hineingeben.

Mit einer Gabel oder einem Löffel zunächst die Zutaten in der Mulde verrühren. Dann wenig Mehl vom Innenrand mit unterrühren.

In kreisenden Bewegungen immer mehr Mehl vom Rand mit hineinnehmen, bis in der Mitte ein dickflüssiger Teig entsteht.

Mit beiden Händen den Mehlrand von außen nach innen über den Teig verteilen. Vorsichtig arbeiten, damit nichts wegläuft.

Das Mehl zunächst unter den Teig drücken und dann mit beiden Händen vollständig unterarbeiten.

Gelingt das nicht oder sehr schwer, etwas Wasser zugeben, damit das Mehl ganz aufgenommen wird.

Das Wasser mit beiden Daumen vollständig einarbeiten.

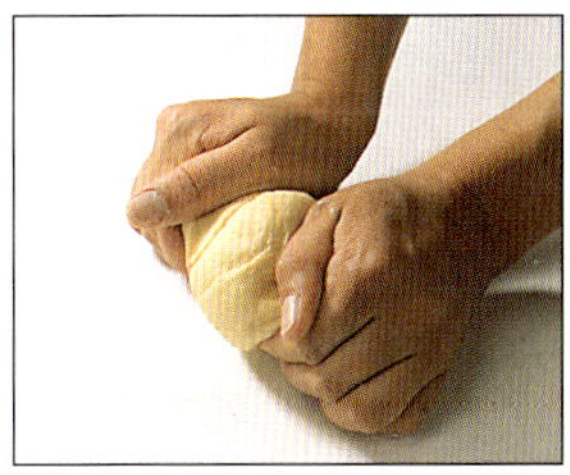

Den Teig zusammenschlagen und das restliche Mehl mit beiden Händen kräftig darunterkneten.

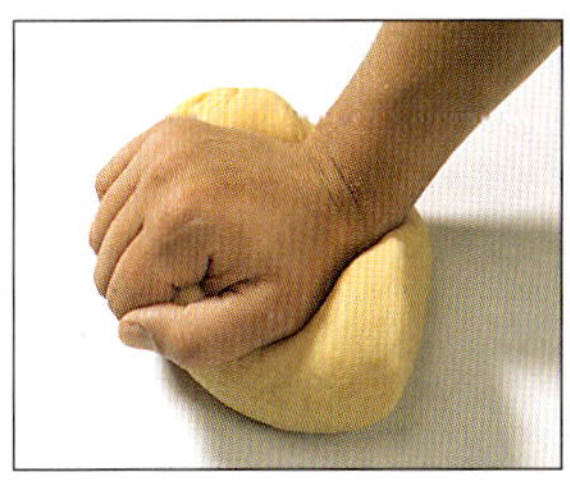

Erst jetzt beginnt das eigentliche Kneten: Den Teig mit dem Handballen auseinanderdrücken, zusammenlegen, drehen.

Den glatten, festen Teig zu einer Kugel formen und in Klarsichtfolie schlagen. Etwa 1 Stunde im Kühlschrank ruhen lassen.

NUDELN SCHNEIDEN

Frische Nudeln können von Hand, das heißt mit einem Messer, oder mit einer Nudelmaschine geschnitten werden. Beim Schneiden kommt es darauf an, daß gleichmäßige Nudeln entstehen, denn wenn sie von unterschiedlicher Stärke sind, werden sie beim Kochen ungleich gar, und das wirkt sich negativ auf den Geschmack aus. Mit der Maschine geht das natürlich von selbst, von Hand muß darauf geachtet werden, daß der Teig gleichmäßig stark ausgerollt und in Nudeln gleicher Breite geschnitten wird. Oder er wird zu Lasagneblättern oder zu gefüllter Pasta weiterverarbeitet. Voraussetzung für beide Methoden sind gute Werkzeuge. Zum Schneiden eignet sich am besten ein langes, scharfes Messer mit nicht zu starker Klinge. Die richtige Arbeitsunterlage ist ein Brett aus Holz oder aus Kunststoff; Marmor und die Oberflächen der modernen Küchen sind dagegen tödlich für die Messerschneiden, da sie viel zu hart sind. Die Nudelmaschine läßt zwar der eigenen artistischen Schneidekunst wenig Freiraum, garantiert aber dafür ein perfektes Ergebnis. Der Nudelteig wird dafür zunächst zur gewünschten Stärke ausgerollt und kann dann durch die verschiedenen Schneidewalzen zu den gängigsten Nudelformen geschnitten werden.

Mit dem Messer:

Den Teig auf eine bemehlte Arbeitsfläche geben, gleichmäßig in beide Richtungen ausrollen. Mit Mehl bestauben, damit der Teig nicht zusammenklebt.

Zu einem dreilagigen Streifen falten. Pappardelle, Lasagnette in 1,5 bis 2 cm breite Streifen schneiden. Sofort auseinanderfalten, damit sie nicht zusammenkleben.

Mit der Maschine:

Die Teigstreifen in mehreren Durchgängen ausrollen und dabei die Walzen immer enger stellen, bis zur gewünschten Stärke.

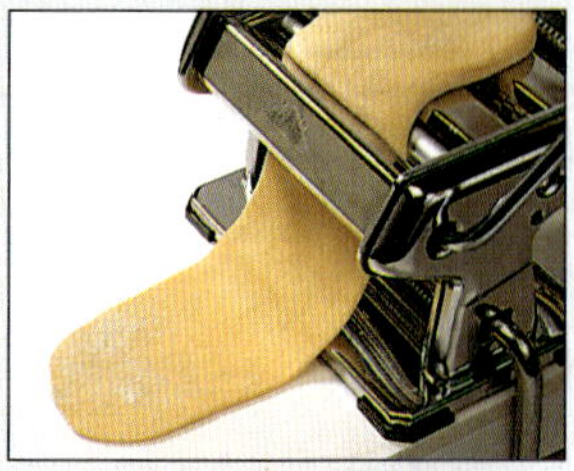

Tagliatelle oder Fettuccine mit Vorsätzen, 5 mm und 6 bis 8 mm breit, schneiden. Werden sie nicht sofort gekocht, zu lockeren Nestern legen und lagern.

Nudeln trocknen:

Dieser Ständer läßt sich ganz leicht mit Kochlöffeln improvisieren, über deren Stiele die frischen Nudeln gehängt werden.

NUDELN KOCHEN

Nudeln richtig zu kochen ist zwar nicht so schwer, doch einige grundlegende Hinweise sollten dennoch beachtet werden. Dies fängt beim richtigen Topf an. Er soll groß genug und höher als sein Durchmesser sein, um genügend Wasser zu fassen. Als Faustregel gilt: 1 l Wasser für 100 g Nudeln. Es ist jedoch angebracht, etwas mehr Wasser als diese Minimumangabe zu nehmen, denn Nudeln brauchen während der relativ kurzen Garzeit eine möglichst konstante Temperatur, und die läßt sich mit einer großen Wassermenge leichter halten. Das Wasser muß gesalzen werden, etwa 10 g Salz (1 schwach gehäufter TL) pro Liter. Genaue Kochzeiten lassen sich nicht definieren, da sie von der Nudelart und -dicke abhängen. Frische Nudeln sind wesentlich schneller gar als die getrocknete Industrieware. Bei den frischen Nudeln wird die Kochzeit davon bestimmt, wie weit die Nudeln bereits abgetrocknet sind. So macht es einen großen Unterschied, ob sie gleich nach dem Schneiden oder erst Stunden später gekocht werden. Auch die Stärke des Teiges beeinflußt die Kochzeit. Oft kann man die Garzeit kaum noch in Minuten messen. Der richtige Garpunkt ist dann erreicht, wenn sich die Nudeln insgesamt weich anfühlen, innen aber noch einen festen Kern haben. Diesen Zustand bezeichnen italienische Pastaköche mit »al dente«. Während des Kochprozesses ist es nötig, immer mal wieder eine Nudel herauszunehmen und den Garzustand zu überprüfen. Das Abschrecken mit kaltem Wasser ist nur dann angebracht, wenn die Nudeln ohne weitere Zugabe oder Schwenken in Butter als Beilage serviert werden. Ansonsten verlieren sie durch das Abspülen ihre klebrige Stärkeschicht, die sie brauchen, um sich mit Saucen und Ragouts richtig zu verbinden. Das Mischen der Nudeln mit den Saucen sollte grundsätzlich nur in einer vorgewärmten Schüssel erfolgen, und zwar unmittelbar nach dem Abseihen.

Viel Wasser ist nötig. Faustregel: mindestens 1 l Wasser pro 100 g Nudeln. Bei Lasagnescheiben sollte es mehr sein.

Öl nur in Ausnahmefällen. Nur bei großen Teigfladen wie Lasagne und bei frischen Nudeln, die zusammenkleben.

Nudeln einlegen – lange Nudeln auf einmal, kurze hineinschütten. Das Wasser muß sprudelnd kochen.

Umrühren mit der Holzgabel, damit sie gleichmäßig umspült werden und in der Anfangsphase nicht zusammenkleben.

Deckel auflegen. Den Topf zu 2/3 zudecken; der Dampf kann abziehen und die Nudeln garen gleichmäßig.

Garprobe. Nudeln »mit Biß« oder »al dente«. Um diesen Gargrad genau zu erreichen, öfters eine Nudel prüfen.

Abgießen. Sobald der richtige Gargrad feststeht, die Nudeln auf einmal abseihen. Ablaufen lassen und weiterverarbeiten.

Abbrausen. Nur wenn sie ohne weitere Zugabe als Beilage dienen. Kalt abschrecken, um Garprozeß zu stoppen.

Ein gutes Suppenhuhn muß mindestens über 2 kg wiegen, wenn die Suppe auch den entsprechenden »Hühnergeschmack« bekommen soll. Auf den Märkten Portugals werden sie in allen Gewichtsklassen angeboten.

Hühnersuppe mit Nudeln und Würstchen

»CANJA COM HORTELÃ« HEISST SIE IN PORTUGAL UND WIRD OFT MIT VIEL SELBSTGEMACHTEN NUDELN SERVIERT.

Eine Suppe, die schon fast ein Eintopf ist und als Hauptgericht gegessen wird, nur mit einem Stück Brot und dazu ein Glas vom frischen »vinho verde«, der zu der Würzung von Zitrone und Minze besonders gut paßt. Wer sich die Mühe der Nudelzubereitung nicht machen will, kann getrocknete Tagliatelle oder andere Bandnudeln guter Qualität verwenden.

Für den Nudelteig:
150 g Weizenmehl Type 405
2 Eier, 1/2 EL Öl
1 Prise Salz, nach Bedarf etwas Wasser
Für das Huhn:
1/2 küchenfertiges Suppenhuhn (etwa 1 kg)
Schalenstreifen von 1/2 unbehandelten Zitrone
4 Petersilienzweige, 2 l kaltes Wasser
Salz, frisch gemahlener Pfeffer
60 g Zwiebel
Außerdem:
80 g Möhren, in Stifte geschnitten
80 g Lauch, in Ringe geschnitten
300 g portugiesische Würstchen
frisch gehackte Minzeblättchen

1. Den Teig zubereiten, wie auf Seite 9 gezeigt. In Folie wickeln und 1 Stunde kühl ruhen lassen. In der Nudelmaschine ausrollen und mit einem Vorsatz in 1,5 cm breite Streifen schneiden.

2. Das Huhn innen und außen waschen. Mit der Zitronenschale und der Petersilie in einen Topf geben. Mit Wasser bedecken, salzen, pfeffern und im offenen Topf aufkochen. Die Zwiebel mit der Schale halbieren, die Schnittflächen in einer Pfanne ohne Fett oder auf einer heißen Herdplatte bräunen und zugeben. Das Huhn bei mäßiger Hitze in 1 1/2 Stunden gar kochen. Herausnehmen, beiseite legen. Die Brühe in einen zweiten Topf abseihen und wieder erhitzen.

3. Von dem Huhn die Haut entfernen, das Fleisch auslösen und in Stücke schneiden. Die Möhrenstifte und die Lauchringe in die Brühe geben und etwa 5 Minuten kochen. Die Würstchen zugeben und weitere 5 Minuten kochen. Das Fleisch zufügen und kurz wärmen.

4. Die Nudeln in sprudelnd kochendem Salzwasser al dente kochen. Abseihen und zur Suppe geben. Abschmecken und mit Minze bestreuen.

Die kleinen, scharf gewürzten Würstchen, wie sie auf der iberischen Halbinsel angeboten werden, geben der Suppe das typische Aroma. Man kann aber auch die feurigen, mit Paprika gewürzten Würste zu Scheiben schneiden und kurz vor Ende der Garzeit zugeben.

Fideuà de mariscos

NUDELN MIT MEERESFRÜCHTEN – EINE KOMBINATION ÄHNLICH DER PAELLA, ETWAS FÜR KREATIVE KÖCHE.

Gekocht wird nach dem aktuellen Marktangebot. Dieses Rezept ist nur als Empfehlung gedacht, und die Paellapfanne ist das ideale Kochgeschirr.

300 g Fideos (Fadennudeln, z. B. Capellini)
Für die Sauce:
80 g weiße Zwiebeln, 2 Knoblauchzehen
1 Chilischote, 300 g Tomaten
2 EL Olivenöl, 1 TL Tomatenmark
100 ml trockener Weißwein, 200 ml Fischfond
Salz, frisch gemahlener Pfeffer
Für die Meeresfrüchte:
300 g Filet von Dorade royale
200 g kleine Kalmare
400 g Herzmuscheln, 400 g Venusmuscheln
8 küchenfertige Riesengarnelen
Außerdem:
4 Zitronenscheiben zum Garnieren

1. Für die Sauce die Zwiebeln und die Knoblauchzehen schälen und fein hacken. Die Chilischote halbieren, Samen und Scheidewände entfernen und das Fruchtfleisch fein hacken. Die Tomaten blanchieren, häuten, vierteln, Stielansatz und Samen entfernen und das Fruchtfleisch fein würfeln. Das Öl in einer Pfanne erhitzen, die

Was der Markt so alles bietet an frischem Gemüse, Fisch und Meeresfrüchten, kann für dieses Nudelgericht verwendet werden. Und in Spanien gibt es fast das ganze Jahr über eine große Auswahl frischer Produkte. Da sind der Phantasie der Köche keine Grenzen gesetzt.

Zwiebel- und Knoblauchwürfel darin glasig anschwitzen, die Chili- und Tomatenwürfel zugeben und kurz mitschwitzen. Das Tomatenmark unterrühren. Mit dem Wein ablöschen und den Fond aufgießen, salzen, pfeffern und etwa 5 Minuten kochen lassen.

2. Das Doradenfilet in Würfel mit 2 cm Kantenlänge schneiden. Die Kalmare häuten und die Fangarme (Tentakel) herauslösen, wie auf Seite 196 gezeigt. Das transparente Fischbein aus dem Körper herausziehen. Die Arme und den Körper sorgfältig waschen, die Arme ganz belassen, den Körper in Ringe schneiden. Die Muscheln unter fließendem kalten Wasser gründlich abbürsten, die Bärte mit den Fingern abziehen.

3. Die Nudeln in sprudelnd kochendem Salzwasser 3 bis 4 Minuten kochen und abseihen.

4. Die Sauce erhitzen. Zuerst die Muscheln, dann die Kalmare hineingeben und 6 bis 8 Minuten garen. Nicht geöffnete Muscheln entfernen. Die Fischwürfel und die Garnelen zugeben und weitere 4 Minuten bei schwacher Hitze garen. Die Nudeln untermischen, nochmals abschmecken. Auf 4 Teller verteilen, mit Zitronenscheiben garnieren und sofort servieren.

Käse aus Spanien. Im Norden, Nordwesten und auf der Insel Menorca wird Käse aus Kuhmilch produziert, wie etwa der kräftig schmeckende Mahón. Andalusien, Extremadura und andere Bergregionen sind für ihren guten Ziegenkäse bekannt. Dagegen wird Schafkäse in ganz Spanien hergestellt, der berühmteste Vertreter ist der Manchego.

Bandnudeln mit Fleischklößchen

DIESE SO SCHLICHTE ZUSAMMENSTELLUNG BEKOMMT DURCH DEN VERWENDETEN KÄSE IHREN BESONDEREN REIZ.

Mit Spaniens Käsevielfalt läßt es sich äußerst kreativ kochen. So vielgestaltig wie die Landschaften der Halbinsel sind, so unterschiedlich sind die Käsearten. In diesem Rezept werden breite Bandnudeln, die man in Spanien natürlich kaufen kann und nicht selber machen muß, mit scharfen Fleischklößchen kombiniert. Die geschmackliche Abrundung wird durch Manchego, dem bekanntesten Schafkäse, erzielt.

300 g Pappardelle festonate
Für die Tomatensauce:
600 g Fleischtomaten
2 EL Olivenöl
80 g feingehackte Zwiebeln
Salz
frisch gemahlener Pfeffer
Für die Fleischklößchen:
150 g Lammhackfleisch
150 g Schweinehackfleisch
1 geschälte Knoblauchzehe
30 g gehackte Zwiebel
1 EL glatte Petersilie, fein gehackt
1 Ei
2 EL Semmelbrösel
Salz
frisch gemahlener Pfeffer
edelsüßes Paprikapulver
5 EL Olivenöl
Außerdem:
200 g Zucchini
1 EL Olivenöl
Salbeiblättchen
gehackte Petersilie zum Bestreuen
40 g geriebener Manchego

1. Für die Tomatensauce die Tomaten kurz blanchieren, häuten, vierteln, Stielansatz und Samen entfernen und das Fruchtfleisch klein schneiden. Das Öl in einer entsprechend großen Pfanne erhitzen und die Zwiebelwürfel darin glasig schwitzen. Die Tomaten zugeben und kurz dünsten. Salzen und pfeffern. Die Sauce zur Seite stellen.

2. Für die Klößchen das Hackfleisch in eine Schüssel geben. Die Knoblauchzehe dazupressen. Die Zwiebelwürfel, die Petersilie, das Ei und die Semmelbrösel zufügen und alles gut miteinander verkneten. Mit Salz, Pfeffer und Paprikapulver kräftig würzen. Mit nassen Händen etwa 10 g schwere Bällchen formen. Das Öl in einer Pfanne erhitzen und die Bällchen darin bei mittlerer Hitze rundum braun und knusprig braten.

3. Inzwischen die Pappardelle in sprudelnd kochendem Salzwasser al dente kochen, ganz kurz kalt abschrecken und ablaufen lassen.

4. Die Zucchini waschen, beide Enden abschneiden und der Länge nach in etwa 2 mm dicke Scheiben schneiden. Das Öl in einer Pfanne erhitzen und die Zucchinischeiben darin kurz braten und herausnehmen. Die Salbeiblättchen in das Öl geben und knusprig braten.

5. Die Pappardelle, die Hackfleischbällchen und die Zucchini unter die Tomatensauce mischen, erneut erhitzen und abschmecken. Auf Teller anrichten, mit gehackter Petersilie und geriebenem Manchego bestreuen, mit den Salbeiblättchen garnieren und sofort servieren.

La Coruña, der spanische Hafen an der galicischen Küste, lebt zum großen Teil vom Fischfang. Frische Sardinen werden in den frühen Morgenstunden angelandet und schon von den Händlern erwartet.

Spaghetti mit Sardinen im Pergamentpaket

EINE ETWAS ANDERE ART, SPAGHETTI AUF DEN TISCH ZU BRINGEN.

In solch einer Hülle aus durchsichtigem Pergamentpapier kann sich das Aroma aller Zutaten gut miteinander entwickeln.

Für 12 Stück
Für die Tomatensauce:
1 Dose geschälte Tomaten (400 g)
50 ml Olivenöl
2 geschälte Knoblauchzehen
Salz
frisch gemahlener Pfeffer
1/2 TL zerstoßene getrocknete Peperoncini
Für die Füllung:
250 g frische, reife Tomaten
12 frische Sardinen
250 g Spaghetti
12 Scheiben Bauchspeck
1 Bund feingehackte Petersilie
Außerdem:
12 Stück Pergamentpapier, 25 x 25 cm groß
Olivenöl zum Einpinseln
50 g zerlassene Butter
frisch geriebener Parmesan

Auf das eingefettete Papier eine Scheibe Speck und quer über ein Ende eine Sardinenhälfte legen. Eine Portion Spaghetti darüberdrehen, mit Petersilie bestreuen und 1 EL Tomatensauce in die Mulde geben. Frische Tomatenstücke auflegen und mit der zweiten Sardinenhälfte bedecken. Das Pergamentpapier über die Füllung falten, die Seiten einschlagen und unter das Paket falten.

Für die Tomatensauce die Dosentomaten in einem Sieb ablaufen lassen. Das Öl in einer entsprechend großen Kasserolle erhitzen, die Knoblauchzehen darin 2 Minuten anschwitzen und wieder herausnehmen. Die Tomaten in dem aromatisierten Öl bei mittlerer Hitze etwa 20 Minuten köcheln lassen. Salzen, pfeffern und mit Peperoncini würzen. Alles mit einem Stabmixer pürieren und weitere 10 Minuten einkochen lassen. Für die Füllung die frischen Tomaten kurz blanchieren, kalt abschrecken, häuten, achteln, Stielansatz und Samen entfernen. Von den Sardinen die Köpfe, die Schwänze und die Flossen abschneiden, längs halbieren und die Rückengräten herausziehen. Die Spaghetti in sprudelnd kochendem Salzwasser nur knapp al dente kochen und abgießen. Für die Pergamentpakete die Papierquadrate gleichmäßig mit Olivenöl einpinseln. Weiterverfahren, wie in der Bildfolge beschrieben. Die fertigen Päckchen auf ein Backblech setzen und die Oberfläche mit etwas Öl einpinseln. Bei 200 °C im vorgeheizten Ofen 15 Minuten backen. Zum Servieren die Päckchen mit einer Schere aufschneiden und die Spaghetti mit zerlassener Butter beträufeln. Den frisch geriebenen Parmesan separat dazu reichen.

Die deftige Küche im Norden Spaniens versteht sich bestens auf die Zubereitung von Fisch. Sardinen gehören dabei zum täglichen Angebot und sind besonders preiswert. Auch alle übrigen Zutaten sind günstig, eingeschlossen die so gar nicht spanischen Spaghetti. Das Ganze aber in einer Hülle aus Pergament im Ofen gegart, wird zu einem kulinarischen Erlebnis.

Tomme de Savoie wird unter anderem aus der Kuhmilch der Rasse »Montbéliarde« hergestellt. Die Kühe sind an einer Besonderheit leicht zu erkennen: Sie tragen sozusagen eine »Brille«, denn ihre Augen sind von braunen Flecken umrandet.

Gefüllte Nudeln, mit Käsesauce überbacken

MIT NUDELN UND KÄSE LÄSST SICH KREATIV KOCHEN – BESTES BEISPIEL: TOMME DE SAVOIE UND MIMOLETTE.

Je besser der Käse, desto größer der kulinarische Erfolg. Nun hat die französische Küche zwar keine große Nudeltradition, dafür aber hat das Land eine Menge feinster Käsesorten zu bieten, die sich mit Nudeln unterschiedlichster Formen aufs beste kombinieren lassen. Joseph Dupont aus Saint-Jean-de-Sixt in Hoch-Savoyen käst seine Tommes heute noch nach der traditionellen Methode auf seinem Bauernhof. Mindestens einmal täglich, im Sommer sogar zweimal, werden mehrere Käse von 1,5 bis 2 kg aus je etwa 18 l Milch hergestellt.

250 g große Hohlnudeln (Millerighe giganti)
Für die Füllung:
800 g Spinat, 40 g Butter, 60 g feingehackte Schalotten
2 cl Cognac, 3 EL Sahne, 70 g gehackte Walnüsse
1 Ei, 80 g frisch geriebene Tomme de Savoie
Salz, frisch gemahlener Pfeffer
frisch geriebene Muskatnuß
Für die Sauce:
15 g Butter, 20 g Mehl, 1/4 l Milch
Salz, frisch gemahlener Pfeffer
frisch geriebene Muskatnuß, 50 ml Sahne
30 g alte Mimolette, 100 g Tomme de Savoie
Außerdem:
Butter für die Form
20 g zerlassene Butter zum Beträufeln
10 g Semmelbrösel zum Bestreuen

Viel Erfahrung hat Joseph Dupont im Laufe der Jahre gesammelt, um hervorragende Tommes mit viel Mühe und immer noch in Handarbeit herzustellen. Zum Reifen bringt er sie in den Keller, wo sie von einer anfänglich weißen Struktur zu einem graubraunen Käse mit rötlichen und gelben Flecken reifen.

Mit Käse würzen. Der eigenwillige Geschmack vieler französischer Käsesorten kann auch in der Nudelküche zu geschmacklich interessanten Ergebnissen führen. So paßt das Aroma der zart schmeckenden Tomme bestens zur Spinatfüllung, und für die Sauce bringt die alte Mimolette genügend Würze mit. Dieser Käse wird übrigens heute noch teilweise in Holland produziert und dann von französischen »Affineurs« (auf die Pflege von Käse spezialisierte Fachleute) bis zur gewünschten Reife gebracht.

1. Für die Füllung den Spinat verlesen, waschen und abtropfen lassen; es sollen 600 g verbleiben. Den Spinat in kochendem Salzwasser kurz blanchieren, kalt abschrecken, ausdrücken und fein hacken. Die Hälfte der Butter zerlassen und die Schalotten darin glasig schwitzen. Den Cognac zufügen und etwas reduzieren lassen. Die Sahne unterrühren, den Spinat zugeben und 5 Minuten bei niedriger Temperatur dünsten. Inzwischen die restliche Butter leicht bräunen. Erst die Walnüsse, dann den Spinat zufügen. Vom Herd nehmen. Das Ei mit dem Käse verquirlen und unter die Spinatmasse rühren. Würzen, beiseite stellen.

2. Die Nudeln in Salzwasser 8 bis 10 Minuten kochen, abschrecken und ablaufen lassen.

3. Für die Sauce die Butter zerlassen, das Mehl unter Rühren darin ohne Farbe anschwitzen. Die Milch zugießen, glattrühren und würzen. Etwa 15 Minuten unter Rühren kochen. Die Sahne unterrühren. Die Sauce durch ein feines Sieb passieren und erneut erhitzen. Beide Käsearten reiben, in die Sauce geben und unter Rühren schmelzen.

4. Die Füllung mit einem Spritzbeutel und Lochtülle Nr. 12 vorsichtig in die Nudeln spritzen. In eine ausgebutterte Auflaufform setzen und die Sauce darübergeben. Mit zerlassener Butter beträufeln und mit Semmelbröseln bestreuen. Bei 200 °C im vorgeheizten Ofen 20 Minuten backen.

Große Hohlnudeln wie die Cannelloni eignen sich bekanntermaßen gut zum Füllen und Überbacken. Aber auch kleinere wie die Millerighe schmecken gefüllt sehr fein.

Grüne Tagliatelle mit Schinkensauce

EINE BEWÄHRTE PASTA-KOMBINATION: TOMATEN, SCHINKEN, NUDELN. DIE GARNELEN SIND EINE FEINE ERGÄNZUNG.

Der pikante Geschmack kommt bei diesem Pastagericht von einem guten Schinken wie dem »jambon de Bayonne«, dem Bayonne-Schinken, aus Ostfrankreich. Aber es kann natürlich auch ein italienischer Parma oder ein spanischer Serrano-Schinken sein. Den Pasta-Freunden, die bei den Nudeln auf Käse nicht verzichten möchten, sei dieses Gericht als Gratin empfohlen. Eine Auflaufform wird großzügig mit Butter ausgestrichen und die Nudelmischung samt Garnelen eingefüllt. 1 Ei mit 4 EL Sahne verrühren, 100 g frisch geriebenen Comté (ein herrlicher französischer Hartkäse) zugeben, mit frisch gemahlenem Pfeffer und frisch geriebener Muskatnuß würzen. Über die Nudeln verteilen und im vorgeheizten Ofen bei 220 °C oder unter dem Grill überbacken.

Pinienkerne, auch »Pignoli« oder »Zirbelnüsse« genannt, sind die delikaten Samenkerne aus den Zapfen der Steinkiefer (*Pinus pinea*). Ihr feiner, harzähnlicher Geschmack kommt erst durch Rösten so richtig zur Geltung.

350 g Tagliatelle mit Spinat
Für die Schinkensauce:
1 kg Tomaten, 4 Knoblauchzehen
200 g Bayonne-Schinken, 60 g Pinienkerne
30 g Basilikum, 40 ml Olivenöl
Salz, frisch gemahlener Pfeffer
Außerdem:
20 g Butter
16 gekochte, geschälte Garnelen (je 10 g)

1. Für die Schinkensauce die Tomaten blanchieren, kalt abschrecken, häuten, vierteln, Stielansatz und Samen entfernen. Das Fruchtfleisch in kleine Würfel schneiden. Die Knoblauchzehen schälen und fein hacken. Den Schinken in Würfel mit etwa 1 cm Kantenlänge schneiden. Die Pinienkerne in einer beschichteten Pfanne ohne Fett rösten. Das Basilikum in feine Streifen schneiden.

2. Das Olivenöl in einem großen Topf erhitzen. Die Tomaten und den Knoblauch darin kurz anschwitzen. Die Hitze zurückschalten und die Sauce etwa 10 Minuten köcheln lassen. Den Schinken und die Pinienkerne zufügen. Mit Salz und Pfeffer abschmecken, dabei jedoch bedenken, daß der Schinken salzig ist.

3. Die Tagliatelle in sprudelnd kochendem Salzwasser al dente kochen, abseihen und in eine vorgewärmte Schüssel geben. Gleichzeitig die Butter in einer Pfanne erhitzen und die Garnelen darin kurz durchschwenken.

5. Das Basilikum in die Sauce rühren und erneut abschmecken. Die Sauce auf die Nudeln geben und vorsichtig unterheben. Auf 4 Teller anrichten. Mit den Garnelen belegen und servieren.

Nudeln im Taschenkrebs

KRUSTENTIERE, GEMÜSE UND NUDELN – EINE BEWÄHRTE KOMBINATION, DIE, MIT KÄSE GRATINIERT, BESONDERS FEIN SCHMECKT.

Nach dem folgenden Muster lassen sich auch andere Krustentiere mit Nudeln zubereiten, zum Beispiel die Seespinne oder die Dungeness crab.

4 Taschenkrebse (je etwa 400 g)
Für den Sud:
3 l Wasser, 1/2 l trockener Rosé (Tavel)
Salz, 12 zerdrückte Pfefferkörner, 1 Lorbeerblatt
60 g Zwiebel, in Scheiben geschnitten
die Blätter von 1 Bund Petersilie
Für die Nudelmischung:
150 g Capellini, 2 Schalotten, 1 Knoblauchzehe
1 rote Chilischote, 30 g Butter
je 30 g Möhren und Stangensellerie, gewürfelt
100 ml Sahne, Salz
1 Spritzer Zitronensaft, 1 EL gehackte Kräuter

Je nach Größe der Crabes tourteau können sie gefüllt als kleine Vorspeise gereicht werden. Bei sehr großen Exemplaren (mit über 500 g) paßt sogar die Menge eines Hauptgerichtes hinein.

Der Taschenkrebs, auf französisch Crabe tourteau, ist ein ideales Behältnis, will man etwas wie diese Nudelmischung gratinieren. Entlang der Unterseite seines Panzers hat er eine geschwungene Naht, an der entlang der restliche Panzer ausgebrochen werden kann.

Für die Tomatensauce:
400 g Tomaten, 1 EL Olivenöl
50 g weiße Zwiebel, gehackt
Salz, frisch gemahlener Pfeffer
Außerdem:
50 g frisch geriebene Tomme de brebis
20 g zerlassene Butter, Butter für die Form

1. Alle Zutaten für den Sud in einem großen Topf aufkochen. Die Taschenkrebse nacheinander in den sprudelnd kochenden Sud einlegen und jeweils 10 Minuten kochen, herausnehmen, auskühlen lassen. Die Scheren und Beine vom Panzer drehend abbrechen. Die Schwanzplatte an der Unterseite abheben, mit einer drehenden Bewegung entfernen. Ein Messer zwischen Schale und

Unterseite schieben, die Schale dabei mit der linken Hand gut festhalten und ringsherum lösen. Den »Körper« herausheben, halbieren, mit einem Teelöffel das Fleisch herausnehmen. Den Panzer an der Unterseite an der geschwungenen Naht ausbrechen, das Fleisch aus den Scheren und Beinen lösen. Die Rückenschalen innen und außen sorgfältig waschen.

2. Die Nudeln in sprudelnd kochendem Salzwasser etwa 4 Minuten kochen und abseihen. Die Schalotten und den Knoblauch fein hacken. Die Chilischote halbieren, von Samen und Scheidewänden befreien, hacken. Die Butter zerlassen, Schalotten und Knoblauch hell anschwitzen, die Möhren-, Sellerie- und Chiliwürfel mitschwitzen. Die Sahne zugießen und 10 Minuten köcheln lassen. Mit Salz, Zitronensaft und Kräutern (Petersilie, Thymian und Basilikum) würzen. Das Krebsfleisch und den Corail (die Eierstöcke) zugeben, mit den Nudeln vermischen, in die vier Krebsschalen verteilen. Mit Käse bestreuen und mit Butter beträufeln.

3. Für die Sauce die Tomaten blanchieren, häuten, Stielansatz und Samen entfernen und das Fruchtfleisch würfeln. Das Öl erhitzen, die Zwiebelwürfel darin anschwitzen, die Tomatenwürfel zugeben, salzen, pfeffern und kurz mitschwitzen. In eine gebutterte Auflaufform geben und die gefüllten Taschenkrebse daraufsetzen. Unter dem Grill ganz kurz überbacken und sofort servieren.

Neugierig aus dem Stall blickend, beobachten die Ziegen der »Ferme des Embêts« in Lapoutroie die Umgebung. Aus ihrer Milch wird Ziegenkäse nach traditioneller Art hergestellt.

Makkaroni, mit Ziegenkäse gratiniert

EINE AUSSERGEWÖHNLICHE WÜRZUNG FÜR NUDELN AUS GEREIFTEM, NUSSARTIG UND MILD SCHMECKENDEM FRISCHEN ZIEGENKÄSE.

Röhrennudeln wie Makkaroni, Bucatini oder die dickeren Zite und Zitoni sind für solche gratinierten Nudelgerichte besonders gut geeignet. Sie lassen in der Auflaufform genug Zwischenraum für die übrigen Zutaten, und der Käse kann dazwischen gut verlaufen. Diese typisch italienischen Nudelformen sind zwischenzeitlich auch über die Landesgrenzen bekannt und, obwohl Nudeln in Frankreich keine große Vergangenheit haben, kocht man sie heute auch dort, und mit Ziegenkäse ergeben sich höchst interessante Kombinationen. Im folgenden Rezept wird mit gereiftem, altem und hartem Ziegenkäse gewürzt und mit sahnig-frischem Ziegenkäse überbacken. Eine Kombination, die mit Nudeln, Tomaten und Kräutern sehr italienisch anmutet und trotzdem durch den Käse sehr französisch schmeckt!

Frischen Ziegenkäse produziert Frau Ager jeden Tag auf dem Bauernhof »Les Embêts«. Manche werden frisch verzehrt, andere reifen, bis sich der Schimmel mit dem nußartigen Geschmack voll entwickelt hat. In der »Ferme du Rondeau« in Lavans-Vuillafans überläßt man die Käse ihrer natürlichen Reifung, wodurch sie schön weich und samtig schmecken.

300 g Makkaroni oder Zite
Für die Sauce:
1 Knoblauchzehe, 80 g Zwiebeln
600 g Tomaten, 20 g Butter
2 EL gehackte Kräuter
Salz, frisch gemahlener Pfeffer
Außerdem:
Butter für die Form
30 g geriebener gereifter Ziegenkäse
100 g frischer Ziegenkäse

1. Die Nudeln in sprudelnd kochendem Salzwasser al dente kochen. In einem Sieb abseihen.

2. Den Knoblauch und die Zwiebeln schälen und fein hacken. Die Tomaten blanchieren, häuten, vierteln, Stielansatz und Samen entfernen und das Fruchtfleisch würfeln. Die Butter in der Pfanne zerlassen, den Knoblauch und die Zwiebeln kurz anschwitzen. Die Tomaten zugeben und 2 bis 3 Minuten mitdünsten. Die Kräuter (Basilikum, Thymian, Oregano und Petersilie) zugeben, salzen und pfeffern. Die Nudeln untermischen.

3. Eine Auflaufform mit Butter ausstreichen und die Nudelmischung einfüllen. Mit dem geriebenen Ziegenkäse bestreuen. Den frischen Ziegenkäse in Scheiben schneiden und auf den Nudeln verteilen. Bei 200 °C in den vorgeheizten Ofen schieben und 20 Minuten überbacken.

Ziegenkäse verändert mit zunehmender Reife sein Aroma gewaltig. Ein frischer, nur wenige Tage alter Käse ist mild und fast ohne den typischen »Ziegengeschmack«, während bei dem alten, harten Ziegenkäse eben dieses Aroma sehr stark ist, und damit läßt sich bestens würzen.

Die »Trüffelsau« hat langsam ausgedient. Auch im Périgord werden Schweine zum Trüffelsuchen immer seltener eingesetzt und durch entsprechend trainierte Hunde ersetzt. Ihnen sagt man nach, sie hätten die noch bessere Nase und seien dadurch erfolgreicher – und vor allem, sie seien an der Trüffel selbst nicht so interessiert wie die Schweine, die sie »zum Fressen« gern haben.

Frische schwarze Trüffeln sind nicht ständig verfügbar, aber in den Monaten Dezember bis März in guten Delikateß-abteilungen zu haben. In der warmen Jahreszeit wird dann ab und an die »Sommertrüffel« angeboten.

Hausgemachte Nudeln mit Trüffeln

BEZOGEN AUF DIE WENIGEN ZUTATEN, IST ES EIN GANZ EINFACHES NUDELGERICHT – ABER EIN BESONDERS FEINES.

Daß es nicht gerade billig ist, kommt von den teuren Trüffeln, die durch nichts zu ersetzen sind. 50 g sollten es für die Nudelmenge mindestens sein – denn eine solche Delikatesse leistet man sich ja schließlich nicht alle Tage.

Für den Nudelteig:
300 g Mehl Type 405, 1 Ei
7 Eigelbe, 1 EL Öl, 1/2 TL Salz
Für die Trüffeln und Tomaten:
50 g schwarze Trüffeln, 120 g reife Tomaten
2 EL Öl, 20 g Schalottenwürfel, 60 g Butter
Salz, frisch gemahlener weißer Pfeffer
Außerdem:
frische Basilikumblättchen

1. Den Nudelteig zubereiten, wie auf Seite 9 gezeigt. Auf einer bemehlten Arbeitsfläche ausrollen und in etwa 5 mm breite Streifen schneiden.

Die schwarzen Wintertrüffeln kann man auch roh über die heißen Nudeln hobeln, aber hauchdünn – dann paßt auch etwas frisch geriebener Parmesan gut dazu. Eine ganz besondere geschmackliche Note bekommen sie durch das »ganz kurze« Anbraten in heißer Butter. So gebraten, schmecken übrigens auch die Sommertrüffel sehr fein. Sie sind wesentlich preisgünstiger, deshalb kann man mit ihnen großzügiger umgehen.

2. Die Trüffeln sehr sorgfältig unter fließendem Wasser abbürsten, bis auch der letzte Rest von Sand herausgespült ist. Wenn das wegen der oft tiefen Falten nicht möglich ist, müssen sie geschält werden. Die Fruchtkörper in hauchdünne

Scheiben hobeln oder schneiden; das geht am besten mit einem Trüffelhobel.

3. Die Tomaten blanchieren, häuten, halbieren, Stielansatz und Samen entfernen, würfeln. Das Öl erhitzen und die Schalotten darin dünsten, bis sie zu Brei verkocht sind. Tomaten zugeben, kurz anbraten, salzen und pfeffern, beiseite stellen.

4. Die Nudeln in sprudelnd kochendem Salzwasser al dente kochen, abseihen, gut abtropfen lassen (aber keinesfalls abbrausen) und sofort mit den Tomaten mischen.

5. In einer Pfanne die Butter erhitzen und die Trüffelscheiben darin unter ständiger Bewegung ganz kurz von beiden Seiten braten, salzen und pfeffern. Unter die Nudel-Tomaten-Mischung heben. Mit Basilikum garnieren. Oder über die Mischung einfach rohe Trüffeln hobeln.

Bei einem Nudelgericht mit zwei solch renommierten Käsen lohnt es sich, auch über den richtigen Wein nachzudenken. Ein gut gereifter Burgunder ist in jedem Fall richtig. Es muß natürlich kein »Hospices de Beaune« sein, aber einer aus der Gegend, der »Côte de Beaune«, sollte es schon sein.

Nudeln mit zweierlei Käse

EIN ITALIENISCHES REZEPT, DAS MIT ZWEI FRANZÖSISCHEN KÄSEN EIN GANZ EIGENES AROMA ENTWICKELT.

Das Gericht ist auch ein ganz hervorragendes Beispiel dafür, wie gute Produkte in einer wirklich höchst einfachen Zusammenstellung zu einer Delikatesse werden. Der Roquefort, aus roher Schafmilch hergestellt, ist ein wahres Meisterwerk der Geschichte, ein Käse mit Tradition, der ein uraltes Können voraussetzt. Der Comté wird aus Kuhmilch – nur von der Rasse »Montbéliarde« – hergestellt und darf nur im Jura und im Doubs produziert werden. Er wird noch nach genauen Bestimmungen auf traditionelle Art in Kupferkesseln produziert, da das Kupfer wichtig für den Geschmack ist. Ansonsten ist Kupfer mittlerweile für die Käseproduktion nicht mehr erlaubt.

Dieses Rezept ist ein weiteres Beispiel dafür, daß man auch in Frankreich mit Nudeln kreativ kochen kann. Die große Auswahl an Käse ermöglicht dieses.

Foto: Société des Caves Export, Roquefort

Während der Reifungszeit entwickelt jeder Käse seinen vollen Geschmack und sein typisches Aroma. Der Comté wird regelmäßig umgedreht, gesalzen und gerieben. Das ist reine Kraftarbeit, wie sie etwa Herr Barbier in der Käserei von Frasne ausführt, wenn er bis zu 900 Comtés umdreht, wobei jeder Käselaib 40 bis 50 kg wiegt. Der Roquefort, hervorgegangen aus den Gebräuchen einer jahrtausendealten Kultur, reift in den Felsenhöhlen des Berges Combalou. Felsspalten bewirken eine permanente Zufuhr von frischer, feuchter Luft. Die Eichenregale tragen zur natürlichen Feuchtigkeitsregulierung bei.

50 g Penne rigate
Für die Sauce:
30 g Schalotten, 30 g Butter
100 ml Sahne, 140 g Comté
Außerdem:
120 g reifer Roquefort, 120 g Cocktailtomaten
8 Salbeiblätter, 30 g Butter
Salz, frisch gemahlener Pfeffer

1. Für die Sauce die Schalotten schälen und ganz fein hacken. Die Butter in einem entsprechend großen Topf zerlassen, darin die Schalottenwürfel hell anschwitzen und mit der Sahne aufgießen. Den Comté reiben und zugeben. Den Käse bei schwacher Hitze unter ständigem Rühren mit dem Schneebesen langsam schmelzen.

2. Die Penne rigate in sprudelnd kochendem Salzwasser al dente kochen. Abseihen, nur abtropfen lassen, sofort mit der Sauce vermischen und auf 4 Teller anrichten. Den Roquefort zerbröseln, über die Nudeln verteilen und unter dem Grill kurz zerlaufen lassen.

3. Die Cocktailtomaten halbieren und mit den Salbeiblättern in der heißen Butter kurz dünsten. Mit Salz und Pfeffer abschmecken und über das heiße Gericht geben.

Spaghetti-Pie mit Garnelen und Gemüse

NUDELN UND MEERESFRÜCHTE MIT GEMÜSE, IN EINER BLINDGEBACKENEN PIE-KRUSTE ÜBERBACKEN.

Für den Teig:
200 g Mehl, 3 EL Wasser, Salz, 150 g Butter
Für die Füllung:
200 g Spaghetti, 60 g weiße Zwiebel, 100 g Möhren
200 g Stangensellerie, 100 g Mairübchen
200 g Erbsen in der Schote oder 80 g TK-Erbsen
30 g Butter, 60 ml Weißwein, Salz, Pfeffer
1 EL Öl, 1 Knoblauchzehe, fein gehackt
150 g rohe Garnelenschwänze ohne Schale
Für die Eiersahne:
200 ml Sahne, 3 Eier, Salz, frisch gemahlener Pfeffer
Außerdem:
1 Eigelb zum Bestreichen
Backpapier und Hülsenfrüchte zum Blindbacken
50 g frisch geriebener Hartkäse (Gruyère)
1 EL gehackte Kräuter

1. Das Mehl auf eine Arbeitsfläche häufen, in die Mitte eine Mulde drücken, das Wasser und das Salz hineingeben. Die Butter in Flöckchen auf dem Mehlrand verteilen. Mit einer Palette alles zusammenhacken und mit kalten Händen rasch zu einem glatten Teig verkneten. Eine Kugel formen, in Folie wickeln und 1 Stunde kühl stellen.

2. Die Nudeln in sprudelnd kochendem Salzwasser al dente kochen, abseihen und kalt abschrekken. Die Zwiebel schälen und fein hacken. Die Möhren schälen und in Würfel mit 5 mm Kantenlänge schneiden. Den Stangensellerie putzen, waschen, die Blätter entfernen und die Stangen schräg in 1 cm breite Stücke schneiden. Die Mairübchen schälen, vierteln und in Scheiben schneiden. Die Erbsen aus den Schoten streifen oder die Tiefkühlerbsen auftauen.

3. Die Butter zerlassen und die Zwiebel darin hell anschwitzen. Die Möhren, den Sellerie und die Mairübchen kurz mitschwitzen, mit dem Wein ablöschen, salzen und pfeffern. Zugedeckt bei reduzierter Hitze 5 Minuten dünsten, dann die Erbsen zufügen und weitere 5 Minuten dünsten.

4. Das Öl erhitzen, den Knoblauch anschwitzen. Die Garnelen 2 bis 3 Minuten unter Wenden braten. Garnelen und Gemüse abkühlen lassen.

5. Den Teig auf einer bemehlten Arbeitsfläche ausrollen, eine Form von 26 cm Durchmesser und mit 1 l Inhalt damit auskleiden und den Boden mit einer Gabel mehrmals einstechen. Den Teigrand einkneifen und mit Eigelb bestreichen. Backpapier in der Größe der Form zuschneiden, in die Form legen, Hülsenfrüchte einfüllen und bei 200 °C im vorgeheizten Ofen etwa 20 Minuten blindbacken. Die Hülsenfrüchte und das Papier entfernen und den Boden etwas abkühlen lassen.

6. Die Sahne mit den Eiern, Salz und Pfeffer gut verrühren. Die Spaghetti und die Garnelen mit der Gemüsemischung vermengen, abschmecken und in die Form füllen. Mit dem Käse und den Kräutern (Petersilie und Sellerieblättchen) bestreuen, die Eiersahne gleichmäßig hineingießen und in 25 bis 30 Minuten fertigbacken.

Schokoladennudeln

MIT SAUERKIRSCHEN UND SAHNE WERDEN SIE ZU EINEM SEHR FEINEN DESSERT.

Süße Nudeln können aber auch ein Hauptgericht sein, zumindest für Kinder oder auch für große Schleckermäuler. In England sind die Schokoladennudeln, meist mit Vanillesauce übergossen, besonders begehrt.

Für den Nudelteig:
250 g Weizenmehl, 100 g Kakaopulver
30 g Puderzucker
ausgeschabtes Mark von 1 Vanilleschote, 4 Eier
Für die Sauerkirschen:
1 Glas Sauerkirschen (350 g Füllmenge)
10 g Speisestärke
40 g Zucker
1 Stück Zimtstange, 1 Nelke
Für die Vanillesahne:
1/8 l Sahne, 20 g Puderzucker
ausgeschabtes Mark von 1/2 Vanilleschote
Zum Garnieren:
Minzeblättchen

Für den Teig die Zutaten auf eine Arbeitsfläche geben, wie gezeigt. Alles zu einem glatten Teig kneten. In Folie wickeln und 30 Minuten ruhen lassen. Den Teig mit der Nudelmaschine in mehreren Durchgängen bis zur gewünschten Stärke ausrollen, dabei die Walzen immer enger stellen. Trenette von etwa 3 mm Breite mit dem entsprechenden Vorsatz schneiden. Die Nudeln auf ein Tuch legen und kurz trocknen lassen. Die Sauerkirschen in einem Sieb abtropfen lassen, den Saft auffangen und 1/8 l abmessen, einige Kirschen für die Garnitur zur Seite stellen. Die Speisestärke mit 2 EL Saft anrühren. Den restlichen Saft in einem Topf mit dem Zucker, der Zimtstange und der Nelke aufkochen. Die Speisestärke einrühren und unter ständigem Rühren mit dem Schneebesen aufwallen lassen, bis der Saft bindet. Die Kirschen zugeben und gut durchrühren, die Zimtstange und die Nelke entfernen, beiseite stellen. Für die Vanillesahne die Sahne mit dem Puderzucker und dem Vanillemark halbsteif schlagen. Die Trenette in leicht gesalzenem, sprudelnd kochendem Wasser al dente kochen. Abseihen und auf tiefe Teller anrichten. Sahne und einige Kirschen daraufgeben, mit Minze garnieren.

Das Mehl zusammen mit dem Kakaopulver auf eine Arbeitsfläche sieben. In die Mitte eine Mulde drücken.

Den Puderzucker und das Vanillemark hineingeben, die Eier aufschlagen und in die Mulde gleiten lassen.

Vanillesauce kann als Variante dazu gereicht werden. Dafür in einer Schüssel 3 Eigelbe und 50 g Zucker mit einem Schneebesen cremig rühren. In einem Topf 1/4 l Milch mit dem ausgeschabten Mark von 1/4 Vanilleschote aufkochen. Die heiße Milch in kleinen Portionen unter die Eigelbmasse rühren, zurück in den Topf geben und unter ständigem Rühren erhitzen, jedoch nicht aufkochen. Die Sauce mit dem Kochlöffel so lange bewegen, bis sie beginnt, dickflüssig zu werden.

Den Nudelteig mit Kakaopulver sollte man beim Ausrollen, gleichgültig ob mit dem Rollholz oder mit der Maschine, reichlich mit Mehl bestauben, weil er sehr leicht festklebt. Deshalb auch vor dem Kochen gut antrocknen lassen.

Overjarige Gouda (überjähriger Gouda) wird der Käse genannt, sobald er älter als 1 Jahr ist. Besonders würzig und ideal zum Überbacken ist er vor allem nach einer Reifezeit von 18 Monaten.

Nudelgratin mit Gemüse

VOM ALTEN GOUDA-KÄSE BEKOMMT DIE NUDEL-GEMÜSE-MISCHUNG IHREN PIKANTEN GESCHMACK.

Zwar hat die holländische Küche keine Nudeltradition, doch das Land produziert viel frisches Gemüse – und natürlich guten Käse, wie etwa ein richtig alter Gouda, der mit annähernd 2 Jahren am besten schmeckt. Für diese überbackenen Gemüsenudeln eignen sich lange Röhrennudeln gut, sie liegen locker in der Form, und die Sauce kann sich gut dazwischen verteilen. Auch kurze Penne, Pennoni oder Tortiglioni sind dafür geeignet.

Die Windmühlen in der holländischen Landschaft zeugen noch immer von der bäuerlichen Tradition des Landes. Neben den berühmten Käsesorten ist es heute vor allem Gemüse, das zu allen Jahreszeiten auf den europäischen Markt gelangt, in geradezu unheimlich konstanter Qualität.

Nudeln und Gemüse, mit Käse überbacken, eine beliebte Zusammenstellung, die sich vielseitig kombinieren läßt. Für jede Geschmacksrichtung findet der kreative Koch den richtigen Käse.

300 g Zite oder andere Röhrennudeln
Für das Gemüse:
250 g Auberginen, 250 g Zucchini
100 g Stangensellerie, 200 g Tomaten
50 g Zwiebel, 1 Knoblauchzehe
4 EL Pflanzenöl
1 TL gehackter Thymian
1/2 TL Salz, frisch gemahlener Pfeffer
1/4 l Fleischbrühe
Für die Käsesauce:
120 g alter Gouda
200 ml Sahne, 2 Eigelbe
je 1 EL gehackte Petersilie und Thymian
Salz, frisch gemahlener Pfeffer
frisch geriebene Muskatnuß

Außerdem:
20 g Butter für die Form, 50 g zerlassene Butter
50 g frisch geriebener alter Gouda

Das Gemüse waschen. Die Auberginen vom Stiel befreien und das Fruchtfleisch in Würfel schneiden. Die Zucchini und den Stangensellerie in Scheiben schneiden. Die Tomaten blanchieren, häuten, halbieren, Stielansatz und Samen entfernen, das Fruchtfleisch würfeln. Die Zwiebel und die Knoblauchzehe fein hacken. Das Öl erhitzen und die Zwiebel mit dem Knoblauch hell anschwitzen. Das Gemüse (ohne Tomaten) bei starker Hitze etwa 5 Minuten unter Rühren mitschwitzen. Die Tomaten zugeben. Mit Thymian, Salz und Pfeffer würzen. Die Brühe aufgießen. Bei offener Pfanne dünsten, bis das Gemüse weich und die Brühe bis zur Hälfte eingekocht ist. Die Nudeln in sprudelnd kochendem Salzwasser al dente kochen, abgießen und mit dem Gemüse vermischen. Eine Auflaufform mit Butter ausstreichen und die Mischung einfüllen. Für die Sauce den Gouda reiben, mit der Sahne und den Eigelben verrühren, die Kräuter zugeben und mit Salz, Pfeffer und Muskatnuß würzen. Die Sauce über die Nudeln verteilen und bei 200 °C im vorgeheizten Ofen 20 bis 25 Minuten backen. Zwischendurch die Oberfläche mit der zerlassenen Butter beträufeln. Um eine Kruste zu erhalten, nach der halben Garzeit mit Gouda bestreuen.

Je frischer und jünger der Spargel, desto sparsamer kann er geschält werden. Unter dem Kopf mit dem Schäler oder Messer ansetzen und nach unten dünn schälen. Wenn er am unteren Ende etwas holzig sein sollte, großzügig abschneiden.

Cannelloni mit Spargelfüllung

DER SPARGEL, DER IM SÜDEN DES LANDES SO PRÄCHTIG GEDEIHT, IST DAS HOLLÄNDISCHE AN DIESEM REZEPT.

Noch holländischer ist sicher der alte Gouda, der letztlich dem Gericht den typischen Geschmack gibt. Der »Overjarige«, der Überjährige, wie die Holländer den besonders alten Gouda nennen, sollte es für dieses Rezept schon sein.

Für den Nudelteig:
150 g Mehl, 1 Ei, 1 Eigelb
1 TL Olivenöl, Salz
etwas Wasser nach Bedarf
Für die Füllung:
500 g Spargel (geputzt 380 g)
20 g Butter, 50 ml Weißwein
Salz, frisch gemahlener weißer Pfeffer
100 g gekochter Schinken
einige Basilikumblättchen, 180 g Tomatenwürfel
Für die Sauce:
10 g Butter, 10 g Mehl, 120 ml Milch
Salz, frisch gemahlener weißer Pfeffer
frisch geriebene Muskatnuß
120 g frisch geriebener alter Gouda
Außerdem:
Butter für die Form, 1/8 l Sahne
30 g frisch geriebener Parmesan, 20 g Butterflöckchen

1. Den Teig zubereiten, wie auf Seite 9 gezeigt. In Folie wickeln und etwa 1 Stunde ruhen lassen.

Beim Spargelkauf sollte man besonders wählerisch sein. Nur wirklich knackig-frische Stangen schmecken auch nach dem Kochen fein, und das trifft natürlich auch für dieses Rezept zu.

2. Den Spargel schälen und die Stangen halbieren. Die Butter zerlassen, den Spargel zugeben, den Wein angießen, salzen, pfeffern. Zudecken, bei geringer Hitze 10 Minuten dünsten.

3. Den Schinken in Würfel mit 0,5 cm Kantenlänge schneiden. Das Basilikum in Streifen schneiden. Mit den Tomaten in eine Schüssel geben.

4. Für die Sauce die Butter zerlassen, das Mehl zugeben und unter Rühren 1 bis 2 Minuten ohne Farbe anschwitzen. Die Milch zugeben, glattrühren, würzen und 10 Minuten unter Rühren köcheln lassen, durch ein Sieb passieren. Erneut erhitzen, den Käse zugeben und unter Rühren schmelzen. Etwas auskühlen lassen, zur Tomaten Schinken-Mischung geben, vermengen.

5. Den Teig auf einer bemehlten Arbeitsfläche dünn ausrollen und 8 Rechtecke von 10 x 15 cm ausschneiden. In sprudelnd kochendem Salzwasser 2 Minuten garen, herausnehmen und auf ein feuchtes Tuch ausbreiten. Den Spargel auf die Teigplatten verteilen, mit der Tomaten-Schinken-Mischung bedecken und aufrollen, die Teigkanten gut andrücken. Die Cannelloni in eine gebutterte Auflaufform legen. Mit der Sahne begießen, mit Parmesan bestreuen und mit Butterflöckchen besetzen. Bei 200 °C im vorgeheizten Ofen 20 bis 25 Minuten überbacken.

Als kultureller Mittelpunkt bietet Brüssel viele Anreize, einen Spaziergang durch die Gassen der Altstadt bis zum Marktplatz sollte man sich nicht entgehen lassen. Dort kann man, mit Blick auf die historischen Fassaden des »Grand-Place«, in einem der bekannten kleinen Restaurants oder Cafés eine Pause einlegen, sei es für eine größere Mahlzeit oder auch nur für eine Kostprobe des guten belgischen Bieres mit einigen Käsewürfeln.

Nudelpakete mit Kaninchenfüllung

NUDELN UND KANINCHENRAGOUT WERDEN ZUSAMMEN IN EINER TEIGHÜLLE GEBACKEN.

Um Nudeln zu essen, fährt sicher niemand nach Belgien, aber um mal richtig zu schlemmen, ist man in Brüssel und Umgebung an der richtigen Adresse. Das können natürlich auch Nudeln sein, zum Beispiel in Form der kleinen Päckchen mit einer einmalig delikaten Füllung.

250 g Capellini
Für die Füllung:
2 Kaninchenkeulen (600 g), 60 g Zwiebel, 40 g Möhre
60 g Lauch, 1 kleine Chilischote
500 g reife Tomaten, 500 g Austernpilze
2 EL Öl, 150 g durchwachsener Speck, gewürfelt
2 EL frisch gehackte Kräuter
Salz, frisch gemahlener Pfeffer

In der geschäftsreichen Innenstadt findet jeder etwas für seinen Geschmack. Manche interessieren sich mehr für die berühmten Brüsseler Spitzen – die Brabanter Spitzen –, aber auch der Gourmet kann hier in den feinsten Läden eine wahre Gaumenfreude erleben.

Eine raffinierte Art, Nudeln mit Ragout zu servieren. Durch die schützende Teighülle bleibt der ganze Geschmack bewahrt. Dazu paßt ein frischer Salat.

Außerdem:
200 g Spinat (große Blätter), 300 g Filoteig
Eiweiß zum Bestreichen, Butter für die Form
50 g zerlassene Butter zum Bepinseln
150 g frisch geriebener Passendale
10 g Semmelbrösel

1. Das Kaninchenfleisch von den Knochen lösen und in kleine Würfel schneiden. Alles Gemüse schälen und putzen. Die Zwiebel fein hacken, die Möhre und den Lauch klein würfeln. Die Chilischote der Länge nach halbieren, von Samen und Scheidewänden befreien und in feine Würfel schneiden. Die Tomaten kurz blanchieren, häuten, Stielansatz und Samen entfernen und das Fruchtfleisch würfeln. Die Austernpilze in 5 mm große Würfel schneiden.

2. In einer Pfanne das Öl erhitzen, den Speck auslassen und die Zwiebel glasig anschwitzen. Das Kaninchenfleisch anbraten. Die Gemüse- und Pilzwürfel (ohne Tomaten) 2 bis 3 Minuten mitgaren. Die Tomatenwürfel untermischen, das Ganze etwa 15 Minuten köcheln lassen. Zum Schluß die Kräuter (Thymian, Basilikum und Petersilie) zugeben, salzen, pfeffern und abkühlen lassen.

3. Den Spinat verlesen, die Stiele entfernen, waschen, kurz blanchieren und in Eiswasser abschrecken. Auf einem feuchten Tuch auslegen. Die Nudeln in sprudelnd kochendem Salzwasser al dente kochen und kurz abschrecken.

4. Die Filoteigblätter in 20 x 20 cm große Stücke schneiden und sofort unter ein feuchtes Tuch legen. Jedes Teigstück einzeln füllen, da dieser Teig sehr schnell austrocknet und brüchig wird. Ein Teigstück mit mehreren Spinatblättern so auslegen, daß rundherum ein Rand von 2 bis 3 cm frei bleibt. Die Nudeln und knapp 2 EL von der Füllung auf die Spinatblätter geben. Die vordere, dann die seitlichen Ecken über die Füllung klappen. Die hintere Teigecke mit Eiweiß einpinseln und das ganze Paket nach hinten einrollen.

5. Eine Auflaufform gut ausbuttern. Die Teigrollen mit der Naht nach unten nicht zu eng einlegen und mit der zerlassenen Butter bepinseln. Den Käse mit den Semmelbröseln vermischen und über die Teigrollen streuen. Bei 200 °C im vorgeheizten Ofen etwa 20 Minuten überbacken. Mit Radicchio, Frisée- und Feldsalat servieren.

Der Edelkrebs ist wieder im Kommen, zumindest in Gewässern Mitteleuropas, deren Qualität sich langsam verbessert. Andere Krebsarten – Galizier, Signalkrebs oder australischer Marron – schmecken zwar auch gut, doch ihr Aroma kommt an das des Edelkrebses nicht ganz heran.

Sepianudeln mit Flußkrebsen

DIE SAHNESAUCE RUNDET DIE KOMBINATION VON SCHWARZEN NUDELN UND KREBSFLEISCH ERST RICHTIG AB.

In Skandinavien, besonders in Schweden, hat man ein Faible für Krebse, deshalb ist es nicht verwunderlich, wenn man sie mit Nudeln kombiniert – geschmacklich recht erfolgreich, vor allem mit den Sepianudeln. Die Tinte gibt es übrigens in kleinen Beuteln zu kaufen, so daß sich die mühsame Gewinnung aus den Tintenfischen erübrigt.

12 mittelgroße Flußkrebse (je 140 g)
Für den Nudelteig:
300 g Mehl, 2 Eier
1 EL Olivenöl
1/2 TL Salz
20 g Sepiatinte
etwas Wasser nach Bedarf
Für die Sauce:
50 g Petersilienwurzel
je 100 g Lauch, Möhren und Stangensellerie
4 EL Öl, 2 cl Cognac, 1 Lorbeerblatt
Salz, 5 Pfefferkörner
1/8 l trockener Weißwein
je 30 g Streifchen von Zuckerschoten und Möhren
je 30 g Streifchen von Stangensellerie und Zucchini
1/4 l Sahne
1 kleine rote Chilischote
Außerdem:
Kerbel zum Garnieren

1. Den Teig zubereiten, wie auf Seite 9 beschrieben. In Folie wickeln und 1 Stunde ruhen lassen.

2. Die Krebse in sprudelnd kochendes Salzwasser gleiten lassen, die Hitze etwas reduzieren und etwa 8 Minuten garen. Herausheben und mit kaltem Wasser abbrausen. Die Schwänze ausbrechen, den Darm herausziehen und das Fleisch aus den Scheren lösen.

3. Für die Sauce das Gemüse putzen und in grobe Stücke schneiden. Das Öl in einer großen Kasserolle erhitzen, das Gemüse zugeben und kurz anbraten. Die zerkleinerten Krebskarkassen zufügen und bei starker Hitze unter Rühren stark anbraten. Mit Cognac ablöschen, die Gewürze zugeben, kurz mitbraten und so viel Wasser aufgießen, daß die Karkassen gerade bedeckt sind. 40 Minuten köcheln lassen, dabei den aufsteigenden Schaum immer wieder abschöpfen. Alles durch ein Spitzsieb gießen. Den Fond auf 1/8 l einkochen, den Weißwein zugießen und erneut auf 1/8 l einkochen lassen. Die Gemüsestreifchen zugeben, die Sahne zugießen und 3 bis 4 Minuten köcheln lassen. Die Chilischote halbieren, von Samen und Scheidewänden befreien, in Streifen schneiden und in die Sauce geben.

4. Den Nudelteig auf einer bemehlten Arbeitsfläche ausrollen, die Teigstreifen in einer Nudelmaschine in mehreren Durchgängen ausrollen und dabei die Walzen immer enger stellen, bis der Teig entsprechend dünn ist. Mit dem Tagliatelle-Vorsatz in 0,5 cm breite Streifen schneiden. Die Nudeln in sprudelnd kochendem Salzwasser al dente kochen, abseihen.

5. Das Krebsfleisch je nach Größe der Schwänze zerteilen und in der Sauce erwärmen. Die Nudeln auf 4 Teller geben, das Krebsfleisch darauf anrichten, mit der Sauce begießen, mit Kerbel garnieren und sofort servieren.

Nudeln mit geräuchertem Fisch

EINE KOMBINATION, DIE IN SKANDINAVIEN WARM UND KALT GERN GEGESSEN WIRD.

Teigwaren sind in Skandinavien nicht gerade heimisch, aber die »Nudelwelle« hat natürlich auch im hohen Norden nicht halt gemacht. Dänemark ist bekannt für seine kreativen Köche, und so ist es nicht verwunderlich, daß sie die italienische Pasta nicht einfach kopiert haben. Sie haben die Nudeln mit typisch skandinavischen Produkten kombiniert, und zwar höchst erfolgreich mit geräucherten Fischen, und davon gibt es eine große Auswahl – vom Hering angefangen, der übrigens gut in einen Nudelsalat paßt, über den mageren, geräucherten Heilbutt bis zu dem fettreichen Lachs oder Aal. Ihr herzhafter Geschmack kommt besonders in Verbindung mit frischen Kräutern gut zur Geltung. Dill ist dabei das klassische Würzkraut und wird am besten in Form einer sahnigen Sauce gereicht. Dazu passen kleine, knackigfeste Nudeln, die den rustikalen Charakter des Gerichts unterstreichen.

»Genial einfach« – oder einfach genial sind die Nudeln mit Räucheraal. Ganz wenige Zutaten (Nudeln, Räucheraal und Dill) ergänzen sich geschmacklich so ideal, daß einfach kein Wunsch offen bleibt.

In Kopenhagen versteht man es zu leben, und das nicht nur im »Tivoli«, dem bekannten Vergnügungspark mitten in der City. Dort jedenfalls ist das kulinarische Angebot reichhaltig, und Nudeln sind mit Sicherheit dabei.

400 g Pennette

Für die Dillsauce:

1 Bund Dill

1/4 l Sahne

Salz, frisch gemahlener Pfeffer

Außerdem:

200 g Räucheraal

1. Für die Dillsauce den Dill waschen, trockenschleudern und fein hacken. Die Sahne in einer Kasserolle zum Kochen bringen und bei geringer Hitze auf etwa 1/3 einkochen lassen. Mit Salz und Pfeffer abschmecken. Den gehackten Dill vorsichtig unter die Sauce rühren. Warm halten.

2. Die Nudeln in sprudelnd kochendem Salzwasser al dente kochen. Abseihen, abtropfen lassen.

3. Inzwischen den Aal von Haut und Gräten befreien und in 5 cm lange Streifen schneiden.

4. Die Nudeln mit der Dillsauce vermischen. Die Aalstücke unterheben und auf Teller anrichten.

Variante: Ein pikanter Nudelsalat laßt sich auf gleicher Basis zubereiten. Die Nudeln dafür kalt abbrausen und Würfel von Räucherlachs oder Aal zugeben. Im Verhältnis zum Fisch dieselbe Menge gedünstetes Gemüse – Erbsen, Möhren und Zucchini – zugeben, und das Ganze mit gut gepfefferter Dillmayonnaise anmachen.

Kleine Röhrennudeln gibt es in großer Auswahl, und alle eignen sich für dieses Gericht. Im Bild von links nach rechts: Mezze penne rigate mit Buchweizen, Pennette, Tortiglioni, Fusilli rigati und Pipette.

Foto: Demetrio Carrasco

Pilze werden im Herbst in Rußland überall angeboten. Dieser Junge bietet sein Sammelergebnis auf einer Straße in der Nähe von Sankt Petersburg an.

Pelmeni mit Pilzfüllung

SIE SIND DEN ITALIENISCHEN TORTELLINI ZUM VERWECHSELN ÄHNLICH UND TROTZDEM »ECHT RUSSISCH«.

Sie haben in dieser oder ähnlicher Form eine lange Tradition in der russischen Küche. Auch die Füllung ist durchaus nicht einheitlich. Sie reicht vom einfachen Kohl über die verschiedensten Fleischfüllungen und Fisch bis zu Pilzen. Der Krautsalat ist eine traditionelle russische Beilage.

Für etwa 100 Stück
Für den Teig:
200 g Mehl, 1 Ei, 1 EL Öl, Salz
60 bis 80 ml Wasser
Für die Füllung:
250 g gemischte Pilze, 30 g Zwiebel, 1 Knoblauchzehe
40 g roher Schinken, 80 g gekochter Schinken
2 EL Butter, 1/2 Bund Petersilie, fein gehackt
1 Zweig Liebstöckel, fein gehackt
Salz, frisch gemahlener schwarzer Pfeffer
frisch geriebene Muskatnuß
1 rohes Ei, 1 gekochtes Ei, fein gehackt
Für den Krautsalat:
500 g frisches Sauerkraut
100 g Möhren, geraspelt
1 rote Zwiebel, in Ringe geschnitten
4 EL Öl, 1/2 TL Pfeffer
Außerdem:
1 Eiweiß, 50 g Butter, leicht gebräunt
2 EL Schnittlauchröllchen zum Bestreuen

Für den Teig das Mehl auf eine Arbeitsfläche häufen und in die Mitte eine Mulde drücken. Das Ei, das Öl und das Salz zugeben. Die Zutaten zuerst mit einer Gabel in der Mulde verrühren und dann das Mehl vom Innenrand her unterrühren. Bei Bedarf etwas Wasser zugeben. Zu einem glatten Teig verarbeiten, in Folie wickeln und 1 Stunde kühl ruhen lassen. In der Zwischenzeit die Füllung zubereiten. Dafür die Pilze putzen und klein würfeln. Die Zwiebel, die Knoblauchzehe und den Schinken ebenso in kleine Würfel schneiden. Die Butter in einer Pfanne zerlassen, die Zwiebel, Knoblauch- und Schinkenwürfel zugeben und darin anbraten. Die Pilze untermischen und so lange dünsten, bis die Flüssigkeit fast vollständig verdampft ist. Die gehackten Kräuter zugeben. Mit Salz, Pfeffer und Muskatnuß würzen. Das rohe Ei einrühren, es soll leicht stocken und dadurch alles binden. Das gekochte Ei unter die Masse mischen. Den Teig dünn ausrollen und Kreise von 4 cm Durchmesser ausstechen. Die Ränder mit Eiweiß bestreichen. Weiterverfahren, wie in der Bildfolge unten gezeigt. Die Teigtaschen portionsweise in kochendes Salzwasser einlegen. Sobald sie an die Oberfläche steigen, bei starker Hitze noch 6 Minuten kochen. Mit einem Schaumlöffel herausnehmen, abtropfen lassen, in eine vorgewärmte Schüssel geben. Mit der Butter beträufeln und mit dem Schnittlauch garnieren. Für den Krautsalat alle Zutaten miteinander vermengen. Mit den Pelmeni auf Teller anrichten und servieren.

Den Teig auf einer bemehlten Arbeitsfläche sehr dünn ausrollen. Kreise von 4 cm Durchmesser ausstechen. Jeweils 1 TL Füllung daraufsetzen.

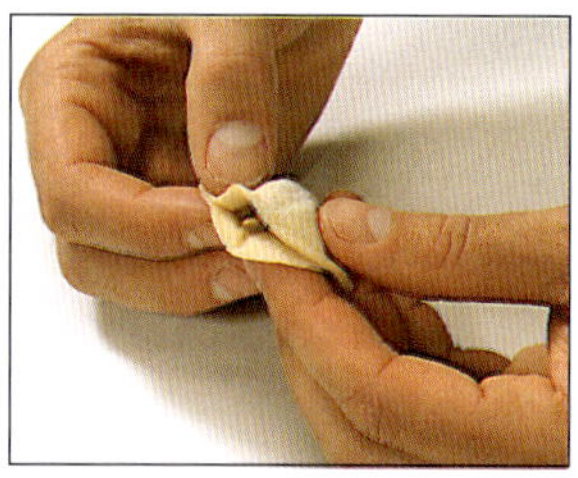

Den Teigkreis zu einem Halbmond zusammenfalten und die Ränder etwas zudrücken, aber nicht zu fest, damit die Pelmeni nicht ihre Form verlieren.

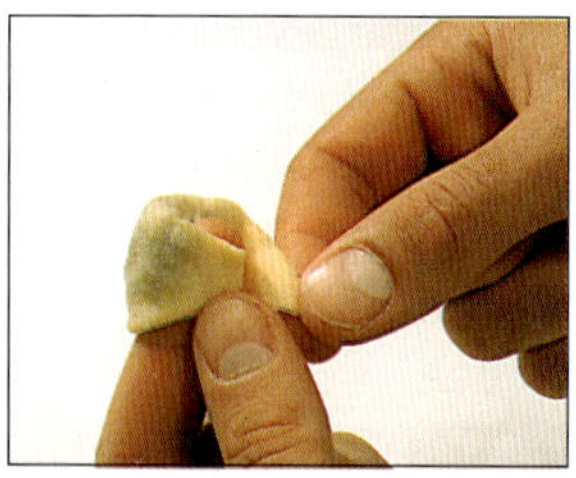

Den Halbmond mit der Rundung nach unten um den Zeigefinger schlingen und die Enden kräftig zusammendrücken.

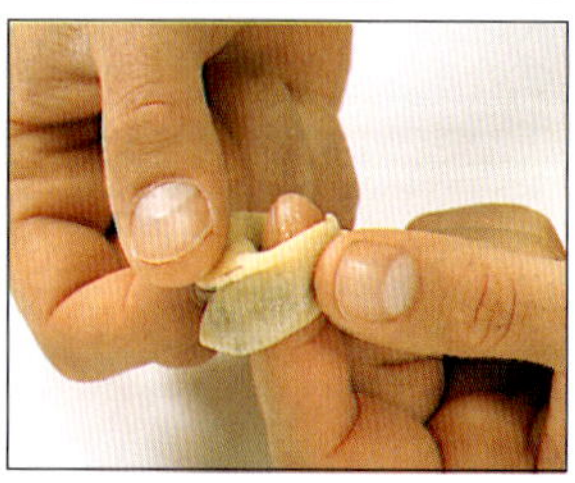

Mit der anderen Hand die halbmondförmige Teigkante umklappen und vorsichtig vom Finger ziehen.

Skubanki mit Mohn und Kompott

SÜSSE MEHLSPEISEN SCHÄTZTE MAN IN DEN LÄNDERN DER EHEMALIGEN K.U.K-MONARCHIE.

Daß Skubanki heutzutage nicht mehr so populär sind, liegt sicher nur daran, daß man sie von Grund auf selbst zubereiten muß. Man kann sie nicht in Tüten kaufen. Aber das ist auch der qualitative Vorteil dieser Kartoffelnudeln, daß sie eben nur frisch zubereitet wirklich gut schmecken. Sie dürfen nach der Fertigstellung nicht lange liegen, sie müssen schleunigst gekocht werden, wenn sie ihren zarten Schmelz behalten sollen.

Für die Kartoffelnudeln:
500 bis 600 g mehlig kochende Kartoffeln
150 g Mehl, Salz, 1 Ei

Süße Kartoffelnudeln mit Mohn sind in Böhmen sehr beliebt. Mit Kompott serviert, werden sie auch zu einem kompletten Essen.

Blauer Mohn wird seit jeher in Mähren, in der Slowakei und Polen angebaut. In Osteuropa und den Ländern der ehemaligen k. u. k.-Monarchie ist er eine beliebte Backzutat. Geschmacklich paßt er unter anderem gut zu Hefeteig, bitterer Schokolade, Orangeat und Zitronat.

Für das Apfelkompott:
500 g säuerliche Äpfel
1/4 l Wasser
Schale und Saft von 1/2 unbehandelten Zitrone
60 g Zucker
Außerdem:
70 g Butter
80 g gemahlener Mohn
30 g Puderzucker

1. Die Kartoffelnudeln zubereiten, wie auf Seite 130 gezeigt. Dafür die Kartoffeln backen und pellen; es sollen 400 g verbleiben. Das Mehl auf die Arbeitsfläche häufen, in die Mitte eine Mulde drücken und etwas Salz zugeben. Die Kartoffeln durch eine Presse kranzförmig auf das Mehl drücken. Das Ei in die Mulde geben und das Mehl und die Kartoffeln mit den Händen von außen

darüberhäufen. Miteinander vermischen und zu einem glatten Teig kneten. Kurz ruhen lassen.

2. Den Kartoffelteig zu zwei Strängen von 4 cm Durchmesser rollen und mit Mehl bestauben. Etwa 1 cm breite Stücke abschneiden. Diese mit der Hand zu Nudeln rollen, die zu den Enden spitz zulaufen. Die Nudeln in leicht gesalzenes, sprudelnd kochendes Wasser einlegen und bei reduzierter Hitze in 6 Minuten garziehen lassen. Mit dem Schaumlöffel herausnehmen, abtropfen.

3. Für das Kompott die Äpfel schälen, vierteln, achteln und das Kerngehäuse entfernen. Das Wasser mit der Zitronenschale und dem Zucker aufkochen. Die Apfelstücke zugeben und bei milder Hitze kurz kochen, sie dürfen nicht zerfallen. Mit Zitronensaft abschmecken und auskühlen lassen.

4. Die Butter zerlassen und den Mohn zugeben. Die Nudeln auf vorgewärmte Teller anrichten, die Mohnbutter darübergeben und mit Puderzucker besieben. Das Apfelkompott separat dazu servieren.

Die Leber der Gänse wird zur Delikatesse, wenn die Tiere »gestopft«, das heißt, durch Zufütterung zwangsernährt werden. Diese von Tierschützern stark kritisierte Methode liefert die von Gourmets hochgeschätzte, zartschmelzende Gänsestopfleber.

Champignon-Pierogi mit Gänseleber

DIESE TEIGWAREN AUS POLEN HABEN IHRE WURZELN IN DER ALTEN SLAWISCHEN KOCHKULTUR.

Die Namen der polnischen »pierogi« und der russischen »pirogi« – bei uns »Piroggen« genannt – stammen von dem Wortstamm »pir« ab, was im Russischen »Festmahl« bedeutet. Diese Delikatessen, die mit vielen Füllungsvarianten zum täglichen Gericht geworden sind, werden in Polen aus Nudelteig und in Rußland aus Hefeteig zubereitet.

Eine geschmacklich gelungene Kombination sind die Champignons mit der Gänseleber, die man auch der Füllung zusetzen kann. Wer auf die Stopfleber verzichten möchte, kann sie getrost gegen normale Gänse- oder Entenleber austauschen. Sie bringt natürlich einen kräftigen Lebergeschmack mit und eignet sich besonders gut als Füllung.

Für etwa 30 Stück
Für den Nudelteig:
300 g Mehl
1 Ei
1/2 TL Salz
1/8 l Wasser
Für die Champignonfüllung:
120 g Champignons
60 g Zwiebel, 1/2 EL Öl
Salz, frisch gemahlener Pfeffer
frisch geriebene Muskatnuß
1 Ei

Für die Gänseleber:
20 g Butter
250 g Gänsestopfleber in dünnen Scheiben
Salz, frisch gemahlener Pfeffer
2 EL feingehackte Schalotten
2 EL Kalbsjus
Außerdem:
1 Eiweiß zum Bestreichen
Feldsalat zum Garnieren

1. Den Teig zubereiten, wie auf Seite 9 gezeigt. Dafür das Mehl auf eine Arbeitsfläche geben und in die Mitte eine Mulde drücken. Das Ei und das Salz hineingeben. Das Wasser zugießen. Mit

einer Gabel vorsichtig verrühren, dabei langsam das Mehl vom Rand unterarbeiten. Zu einem glatten, festen Teig kneten. In Folie einschlagen und mindestens 1 Stunde ruhen lassen.

2. Für die Füllung die Champignons putzen und fein würfeln. Die Zwiebel in Ringe schneiden. Das Öl in einer Pfanne erhitzen und die Zwiebelringe darin glasig anschwitzen. Die Champignons 10 Minuten mitdünsten. Mit Salz, Pfeffer und Muskatnuß würzen. Das Ei unterrühren, zur Seite ziehen und stocken lassen.

3. Für die Pierogi den Teig dünn ausrollen und Kreise von 7 cm Durchmesser ausstechen. Die Ränder mit Eiweiß bestreichen. Je 1/2 EL Füllung in die Mitte eines jeden Teigkreises setzen, zu Halbmonden zusammenklappen und die Ränder festdrücken, damit die Füllung nicht austreten kann. Portionsweise in sprudelnd kochendes Salzwasser einlegen. Sobald sie an die Oberfläche steigen, noch 5 Minuten kochen.

4. Für die Gänseleber die Butter in einer Pfanne zerlassen und die Leberscheiben darin von beiden Seiten nur ganz kurz braten. Mit Salz und Pfeffer würzen und aus der Pfanne nehmen. In dem verbliebenen Fett die Schalotten glasig anschwitzen, die Jus zugeben und zu einer Sauce verrühren. Die Pierogi mit den Leberscheiben auf vorgewärmte Teller anrichten, mit der Sauce beträufeln und mit dem Feldsalat garnieren.

Auf der bemehlten Arbeitsfläche die Nudeln zu der typischen Form rollen und mit Mehl bestauben, damit sie nicht zusammenkleben.

Schupfnudeln mit Bayrisch Kraut

URALTES, BÄUERLICHES ESSEN, DAS NUR SCHMECKT, WENN VIEL BUTTER UND SCHMALZ VERWENDET WIRD.

Schupfnudeln sind die Urform aller Nudeln. Sie werden ganz einfach mit der Hand geformt, »geschupft«, das heißt so gerollt, daß sie in der Mitte etwas dicker sind und zu den Enden hin spitz zulaufen. Aber je nach Teig – ob mit oder ohne Kartoffelanteil – werden auch ganz dünne Würmchen oder richtig dicke Nudeln gerollt. So einfacher Herkunft diese Nudeln auch sein mögen, sie lassen sich bestens mit Ragouts von Geflügel oder Wild und den italienischen Ragù kombinieren. Eine sehr einfache, aber traditionelle Version der Schupfnudeln ist die mit »Bayrisch Kraut«, und wenn man einmal Lust auf etwas wirklich Deftiges verspürt, dann ist dies das richtige Essen.

Für das Bayrisch Kraut:
1 kg Weißkraut, 120 g Zwiebeln
80 g durchwachsener roher Speck

Die Schupfnudeln und das Kraut werden getrennt auf dem Teller angerichtet und mit reichlich Schnittlauch bestreut. Man kann die Nudeln aber mit dem Kraut vorher mischen und sozusagen als »Eintopf« auf den Tisch bringen. Für das Bayrisch Kraut ist der frühe Weißkohl im Sommer gerade richtig. Feine Blätter liegen locker übereinander und haben einen großen grünen Anteil. Er hat einen kräftigeren Geschmack als der süßliche Herbstkohl.

50 g Schweineschmalz
Salz, frisch gemahlener Pfeffer
2 TL Kümmel
400 ml Fleischbrühe
Für die Schupfnudeln:
150 g Weizenmehl, 70 g Roggenmehl
1 Ei, 1 TL Salz
50 ml Wasser
Außerdem:
50 g Butter, 2 EL Schnittlauchröllchen

1. Für das Kraut von dem Weißkraut die Außenblätter entfernen, den Kopf vierteln, den Strunk entfernen, das Kraut in Streifen schneiden. Die

Zwiebeln schälen und fein hacken. Den Speck fein würfeln. Das Schmalz erhitzen, die Zwiebel- und Speckwürfel darin glasig anschwitzen. Das Kraut zugeben, mit Salz, Pfeffer und Kümmel würzen und kurz andünsten. Die Brühe aufgießen. Mindestens 30 Minuten im geschlossenen Topf schmoren, es muß richtig weich sein und kann durchaus eine bräunliche Farbe annehmen.

2. Für die Schupfnudeln beide Mehlsorten in eine Schüssel geben. Das Ei, das Salz und das Wasser zufügen und alles gründlich miteinander vermischen. Auf einer bemehlten Arbeitsfläche schnell zu einem glatten, geschmeidigen Teig verkneten. Wenn nötig, noch etwas Roggenmehl zufügen. Eine Schüssel heiß ausspülen und den Teig darunter 15 Minuten ruhen lassen.

3. Die Nudeln mit der Hand formen, wie oben links im Bild gezeigt. In sprudelnd kochendem Salzwasser 8 bis 10 Minuten kochen und abseihen, aber nicht abbrausen.

4. Die Butter in einer Pfanne aufschäumen lassen, die Schupfnudeln darin schwenken, bis sie leicht Farbe angenommen haben. Herausnehmen, auf Teller anrichten und mit Schnittlauch bestreuen. Das Bayrisch Kraut dazu servieren.

Auf den Allgäuer Alpen kommen die »Spatzen« nicht nur einmal pro Woche auf den Tisch. Sie sind einfach und schnell zu machen, und die Hauptzutat, der Bergkäse, ist sowieso im Haus. Inzwischen sind die Kässpätzle so bekannt, daß zumindest die Feinschmecker unter den Touristen keine Mini-Kuhglocke, sondern einen echten Spatzenhobel als Souvenir mit nach Hause nehmen.

Allgäuer Bergkäse und reifer Romadur sind eine Mischung mit einer pikanten Note, beliebt bei Leuten, die herzhafte Spätzle lieben.

Allgäuer Kässpatzen

DIE »SPATZEN« SIND EIN BELIEBTES GERICHT AUS DEN ALLGÄUER ALPEN – ABER WELCHER KÄSE DAZUGEHÖRT, IST UMSTRITTEN.

Meist wird der »Allgäuer Emmentaler«, der milde Käse mit den großen Löchern, für die Kässpatzen empfohlen. Aber dieser ist nichts für Leute, die es pikant mögen; sie sollten besser den kräftigeren Bergkäse nehmen, wie er auf den Allgäuer Alpen gekäst wird. Wer es noch etwas schärfer möchte, der kann zur Hälfte reifen Romadur oder Limburger daruntermischen. Der Teig könnte nur aus Eiern und Mehl zubereitet werden; ein gewisser Anteil Wasser bedeutet also nicht, daß man Eier einsparen will, sondern es macht den Teig schön glatt und zäh. Denn das bißchen Wasser, das beim besten Willen mengenmäßig nicht bestimmt werden kann, sorgt für die richtige Konsistenz. Dieses Rezept ist in dieser Hinsicht sicher ein guter Kompromiß. Zum Kochen ist möglichst viel Wasser nötig, damit sich die Spätzle ausdehnen können, ohne zusammenzukleben.

Für 6 bis 8 Portionen
Für den Teig:
500 g Mehl, 5 Eier, 1 TL Salz, etwa 100 ml Wasser
Für den Käse:
100 g geriebener Bergkäse
125 g reifer Romadur, in Scheiben geschnitten
Außerdem:
200 g Zwiebeln, 80 g Butter

Den Teig zubereiten und kochen, wie gezeigt. Sobald die Spätzle oben schwimmen, vorsichtig herausheben. Den ersten Löffel Spätzle in einer vorgewärmten Schüssel verteilen und darauf eine Schicht Käse geben. Abwechselnd Spätzle und Käse einschichten, bis alle Zutaten verbraucht sind. Die Zwiebeln in Scheiben schneiden, in der Butter kroß braten und über die Kässpatzen geben. Auf Teller verteilen, dabei soll der Käse Fäden ziehen.

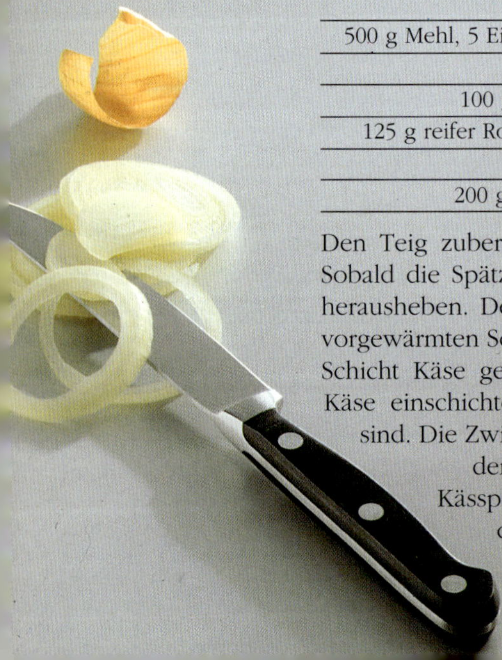

Das Mehl in eine Schüssel geben, in die Mitte eine Vertiefung drücken und die Eier hineinschlagen. Das Salz zugeben.

Zunächst lediglich die Hälfte des Wassers hineingießen und alles mit Hilfe eines Kochlöffels zu einem glatten Teig verrühren.

Den Teig kräftig schlagen, bis er von glatter, zäher Konsistenz ist und in dicken Tropfen vom Löffel fällt. Bei Bedarf weiteres Wasser zufügen.

Durch einen Spatzenhobel – ein Lochblech mit einem Gefäß, das hin- und hergeschoben wird – in sprudelnd kochendes Wasser tropfen lassen.

Die frei schwimmenden Spätzle simmern lassen, bis sie an die Oberfläche steigen. Mit einem Schaumlöffel vorsichtig herausnehmen.

Spätzle mit Champignons und Kräutern

FRISCHE CHAMPIGNONS UND SPÄTZLE »VOM BRETT« – EINE GELUNGENE KOMBINATION, DIE MIT REICHLICH KRÄUTERN GEWÜRZT WIRD.

Von Hand geschabte Spätzle. Ein Brettchen, vorn möglichst spitz zulaufend, ins kochende Wasser tauchen, darauf einen Löffel Teig geben und diesen in Form von »dünnen Würmchen« mit einem Messer oder einer Palette in das siedende Wasser schaben. Wenn die Spätzle an der Oberfläche schwimmen, mit einem Schaumlöffel herausheben.

Wer einige »Pasta-Erfahrung« hat, wird auch vor schwäbischen Spätzlen nicht kapitulieren. Tatsächlich ist dieser Teig, der zwar nicht flüssig ist, aber auch nicht so fest sein darf wie ein normaler Nudelteig, nicht einfach in die typische Spätzleform zu bringen. Nach dem 2. oder 3. Versuch beherrscht man aber die Technik sicher perfekt.

Für den Spätzleteig:
500 g Mehl, 5 Eier
1 TL Salz, etwa 100 ml Wasser
Für die Sauce:
300 g Champignons, 20 g Schalotte, 20 g Butter
40 ml trockener Weißwein, 1/4 l Sahne
1/2 TL Salz, frisch gemahlener Pfeffer
4 EL gehackte Kräuter
Außerdem:
geriebener Bergkäse zum Bestreuen

Viel Petersilie gehört in die Champignonsauce, denn sie verträgt sich geschmacklich mit den Pilzen besonders gut. Deshalb sollten mindestens 2/3 der Kräuter Petersilie sein, der Rest kann dann Schnittlauch, Bärlauch und Liebstöckel sein.

Für den Teig das Mehl in eine Schüssel geben, in die Mitte eine Mulde drücken und die Eier hineingleiten lassen. Das Salz zugeben und zunächst etwa die Hälfte des Wassers hineingießen. Mit einem Kochlöffel die Zutaten vermischen und zu einem glatten Teig »schlagen«. Die richtige Konsistenz ist erreicht, wenn der Teig, den man mit einem Löffel auf das Spätzlebrett gibt, weitestgehend seine Form behält und nicht stark verläuft. Ist er zu fest, dann noch etwas Wasser zufügen. Für die Sauce die Champignons putzen und in Scheiben schneiden. Die Schalotte schälen und fein hacken. Die Butter in einer entsprechend großen Kasserolle zerlaufen lassen und die Schalottenwürfel darin weich dünsten. Mit dem Weißwein ablöschen und 1 bis 2 Minuten köcheln lassen. Die Sahne zugießen, das Salz zugeben und pfeffern. Die Sauce um etwa 1/3 einkochen lassen, dann die gehackten Kräuter (Petersilie, Schnittlauch, Bärlauch und Liebstöckel) zufügen und zum Schluß die Champignons daruntermischen. Die Spätzle zubereiten und in reichlich kochendem Salzwasser garen, wie in der Bildfolge gezeigt, gut ablaufen lassen und auf 4 Teller verteilen. Mit der Champignonsauce übergießen. Das Bestreuen mit geriebenem Käse ist bei diesem Rezept Geschmackssache, deshalb erst mit einer kleinen Menge probieren.

Krapfen mit Hummer und Sauerkraut

DIE SÜDDEUTSCHEN »KRAUTKRAPFEN« HABEN BEI DIESER RECHT UNGEWÖHNLICHEN NUDELKREATION PATE GESTANDEN.

Das geschmackliche Ergebnis ist höchst bemerkenswert, denn Sauerkraut und Hummerfleisch harmonieren sehr gut, und die aromatische Hummersauce vervollständigt das Ganze. Den Fond für diese Sauce kann man natürlich selbst aus den Karkassen der beiden Hummer zubereiten, doch kann sie auch aus Hummerfond gekocht werden, der in guter Qualität im Handel angeboten wird.

Für den Nudelteig:
200 g Mehl, 2 Eier, 1 TL Öl, 1/2 TL Salz
Für die Kraut-Hummer-Füllung:
30 g Schalotten, 40 g Butter, 500 g Sauerkraut
1 Lorbeerblatt, Salz, frisch gemahlener Pfeffer
1 Messerspitze Zucker, 1/8 l Champagner
1/2 TL Kümmel
2 frisch gekochte Hummer (je etwa 600 g)
Für die Hummersauce:
3 EL Öl, 100 g Stangensellerie, gewürfelt
50 g Möhre, gewürfelt, 400 ml Hummerfond
100 ml Sahne, Salz, frisch gemahlener Pfeffer
Außerdem:
1 Eiweiß zum Bestreichen
50 g Butter für die Form und zum Übergießen
Petersilie zum Garnieren

Den Teig zubereiten, wie auf Seite 9 gezeigt. In Folie wickeln und 1 Stunde kühl ruhen lassen. Für die Füllung die Schalotten ganz fein hacken und in der Butter glasig schwitzen. Das Sauerkraut und das Lorbeerblatt kurz mitschwitzen, mit Salz, Pfeffer und Zucker würzen. Den Champagner zugießen und alles etwa 15 Minuten köcheln lassen, den Kümmel zufügen. Von den Hummern Schwänze und Scheren abdrehen. Das Schwanzfleisch auslösen, längs halbieren, die Därme entfernen, in Würfel mit 1 cm Kantenlänge schneiden. Zum Sauerkraut geben und gut vermengen. Für die Sauce die gesäuberten Hummerkarkassen in kleine Stücke zerschlagen und in dem Öl in einem Topf bei guter Hitze anrösten. Die Gemüsewürfel zugeben und 5 Minuten mitbraten. Den Hummerfond und die Sahne aufgießen, bei mäßiger Hitze auf die Hälfte einkochen. Abseihen und bei Bedarf würzen. Den Nudelteig auf einer bemehlten Arbeitsfläche zu einem Rechteck von 45 x 60 cm ausrollen. Weiterverfahren, wie gezeigt. Die Teigrollen aufrecht in eine gebutterte Auflaufform stellen. Bei 200 °C im vorgeheizten Ofen etwa 20 Minuten backen, immer wieder mit etwas flüssiger Butter übergießen. Kurz vor Ende der Garzeit die Hummerscheren im Dampf oder in der Mikrowelle erwärmen und mit dem Messerrücken »anknacken«. Zum Servieren je 3 Krapfen mit der Hummersauce anrichten, eine Hummerschere dazulegen und mit Petersilie garnieren.

Die Füllung auf die Teigplatte verteilen, seitlich einen schmalen, oben einen breiten Rand frei lassen. Diesen mit Eiweiß bestreichen. Straff aufrollen, den Teigrand andrücken.

Die Rolle mit einem scharfen Messer in 3 cm breite Stücke schneiden. Dabei darauf achten, daß die Füllung nicht herausquillt.

nnisberger
Riesling

Maultaschen mit Blutwurst und Sauerkraut

DIESE TEIGTASCHEN SIND EINE REGIONALE SPEZIALITÄT AUS SÜDDEUTSCHLAND – AUS SCHWABEN.

Mal abgesehen von ihrer Größe, sind sie den diversen italienischen Teigtaschen sehr ähnlich, wenngleich man in Württemberg behauptet, sie seien eine ur-schwäbische Erfindung. Es gibt aber auch Leute, die behaupten, sie wären den russischen Piroggen nachempfunden.

Für den Teig:
300 g Mehl, 3 Eier, 1 TL Salz, 1 EL Öl
Für die Füllung:
200 g Spinat, 2 altbackene Brötchen (80 g)
100 ml lauwarme Milch
80 g durchwachsener Räucherspeck, 40 g Butter
60 g Zwiebelwürfel
60 g gewürfelte Frühlingszwiebeln
200 g Hackfleisch vom Schwein, 2 Eier
1/2 TL Salz, frisch gemahlener weißer Pfeffer
1 EL getrockneter Majoran
1 EL feingehackte Petersilie
Für die Blutwurstscheiben:
200 g Blutwurst, 30 g Butter
Außerdem:
1 Eiweiß zum Bestreichen
1 l Fleischbrühe
50 g Butter
100 g Zwiebelwürfel
1 EL Schnittlauchröllchen

Alle Zutaten für die Füllung in einer Schüssel miteinander vermischen und würzen. Je 1 EL Füllung auf die Teigrechtecke geben. Die Ränder mit Eiweiß bestreichen, über die Füllung klappen und andrücken. Die Maultaschen in die kochende Fleischbrühe einlegen, die Hitze reduzieren, 10 bis 15 Minuten garziehen lassen.

Für den Teig das Mehl auf eine Arbeitsplatte schütten und in die Mitte eine Mulde drücken. Die Eier, das Salz und das Öl hineingeben. Die Zutaten von der Mitte aus mit einer Gabel vermischen und zu einem geschmeidigen Teig verkneten. Zu einer Kugel formen, mit einem Tuch abdecken und 15 Minuten ruhen lassen. Für die Füllung den Spinat putzen, blanchieren, kalt abschrecken, ausdrücken und fein hacken. Die Brötchen klein würfeln, in der lauwarmen Milch einweichen und ausdrücken. Den Speck in Würfel schneiden. In einer kleinen Pfanne die Butter erhitzen und die Zwiebel- und Frühlingszwiebelwürfel darin hell anschwitzen. Den Nudelteig auf einer bemehlten Arbeitsfläche gleichmäßig dünn ausrollen. Mit Hilfe eines Lineals und eines Teigrädchens Rechtecke von 6 x 12 cm ausradeln. Weiterverfahren, wie in der Bildfolge gezeigt. In der Zwischenzeit von der Blutwurst die Haut abziehen und die Wurst in etwa 8 mm dicke Scheiben schneiden. Die Butter erhitzen und die Blutwurstscheiben darin von beiden Seiten anbraten. Für die Garnitur die Butter erhitzen und die Zwiebelwürfel leicht bräunen. Zum Servieren die Maultaschen auf vorgewärmte Teller geben und mit etwas Brühe begießen. Die gebräunte Zwiebel darübergeben. Mit Sauerkraut und den Wurstscheiben anrichten, mit dem Schnittlauch bestreuen.

Mit Sauerkraut und gebratenen Blutwurstscheiben – das ist eine sehr ungewöhnliche und deftige Kombination mit Maultaschen, aber eine sehr feine. Wem zweimal Fleisch – als Füllung und als Beilage – zuviel ist, kann die Maultaschen mit Spinat füllen.

Bei der »Schwammerlfrau« auf dem Münchner Viktualienmarkt kann man sich während der Pilzsaison noch mit frischen Pilzen eindecken.

Bandnudeln mit Pilzen

EINE UNSCHLAGBARE KOMBINATION – BESSER KANN MAN NUDELN UND PILZE NICHT GENIESSEN.

Im Herbst, wenn die Blätter von den Bäumen fallen, ziehen die Pilzsammler mit ihren Körben los, um die schönsten Pilze zu suchen. Für diese Zeit ist dieses Rezept gedacht. Natürlich kann man die frischen Pilze während der relativ kurzen Saison auch im Handel erstehen, aber zu entsprechenden Preisen, zumindest bei so edlen Sorten wie den Steinpilzen, die übrigens inzwischen bei uns auch im Frühling in Feinkostläden zu haben sind – importiert von der südlichen Erdhalbkugel.

Für den Nudelteig:
300 g Weizenmehl Type 405
3 Eier, 1 EL Öl
1/2 TL Salz, nach Bedarf 1 EL Wasser
Für die Pilze:
250 g Pfifferlinge (kleine Exemplare)
250 g Steinpilze
100 g durchwachsener, roh geräucherter Speck
60 g Zwiebel
1/4 l Sahne
20 g Butter
1 EL gehackte Petersilie
Salz, frisch gemahlener Pfeffer

1. Den Nudelteig zubereiten, wie auf Seite 9 gezeigt. In Folie wickeln und mindestens 1 Stunde im Kühlschrank ruhen lassen.

2. In der Zwischenzeit die Pilze putzen und mit Küchenpapier abreiben, sie müssen in der Regel nicht gewaschen werden. Die Pfifferlinge ganz lassen, die Steinpilze längs in Scheiben schneiden. Den Speck klein würfeln. Die Zwiebel schälen und fein hacken.

3. Die Sahne in einer Kasserolle bei mittlerer Hitze etwa auf die Hälfte reduzieren.

4. In einer entsprechend großen Pfanne die Butter zerlassen und die Speckwürfel darin anbraten. Die Zwiebelwürfel zufügen und glasig schwitzen. Die Pilze zugeben und unter vorsichtigem Rühren dünsten. Die reduzierte Sahne und die Petersilie untermischen, salzen und pfeffern. Alles 4 bis 5 Minuten leise köcheln lassen.

5. Den Nudelteig zu Tagliatelle verarbeiten. Dafür mit der Nudelmaschine zur gewünschten Stärke ausrollen und mit einem Vorsatz in 4 mm breite Streifen schneiden. In sprudelnd kochendem Salzwasser al dente kochen, abseihen und abtropfen lassen. Mit der Pilze-Sahne-Mischung vermengen, auf Teller anrichten und sofort servieren.

Wer das Glück hat, solch prächtige Steinpilze im Handel zu finden, der sollte sofort zugreifen, selbst wenn man gerade keinen Appetit auf Nudeln hat. Zu Scheiben geschnitten, lassen sie sich wunderbar trocknen und kommen dann im Winter in die Nudeln.

Bäckt man die Kartoffeln im Ofen, statt sie zu kochen, dann bleiben sie schön trocken und lassen sich wesentlich besser verarbeiten. Sie sollten aber noch warm durchgedrückt oder gerieben werden.

Nudeltaschen aus Kärnten

MIT KARTOFFELN WERDEN DIE RAVIOLI IN KÄRNTEN GEFÜLLT, ABER AUCH IN SLOWENIEN UND IM FRIAUL.

In diesem Drei-Länder-Eck von Österreich, Italien und Slowenien gibt es mancherlei kulinarische Gemeinsamkeiten, wie etwa die Nudeltäschchen, die mit einer Kartoffelmasse gefüllt werden, allerdings variiert diese stark in ihrer Zusammensetzung. Dazu wird meist eine Kartoffelsauce mit vielen Kräutern und gewürfeltem Speck serviert.

300 g frischer Nudelteig Nr. 1 (siehe Seite 8)
Für die Füllung:
250 g gekochte Kartoffeln, 60 g Zwiebel
1 Knoblauchzehe, 40 g Butter, 120 g Quark
40 g Reibkäse (Parmesan oder Provolone piccante)
1/2 TL Salz, frisch gemahlener Pfeffer, 1 Eigelb
Für die Sauce:
50 g Zwiebel, 50 g Möhre
50 g Stangensellerie, 200 g Kartoffeln
30 g Butter, 1/2 TL Salz, 150 ml Gemüsefond
100 ml Sahne, 1 bis 2 EL gehackte Kräuter
frisch gemahlener Pfeffer
Außerdem:
1 Eigelb zum Bestreichen
100 g durchwachsener Speck oder Schinken

1. Die Kartoffeln pellen und zerdrücken. Die Zwiebel und die Knoblauchzehe schälen und ganz fein hacken. Die Butter zerlassen und die Kartoffeln darin kroß anbraten. Zwiebel und

Mit »ricotta di pecora« oder einem frischen Kärntner Schafkäse schmeckt die Kartoffelfüllung ganz besonders würzig, und ein gut gereifter Reibkäse bringt noch zusätzlich Geschmack. Ein »provolone piccante« ist allen anderen Sorten vorzuziehen – und dann schmeckt das Ganze schön italienisch. Dort heißen die Täschchen übrigens »casunziei di patate«.

Knoblauch zugeben und kurz mitbraten. In eine Schüssel füllen und erkalten lassen. Den Quark und den Reibkäse untermischen, abschmecken. Mit dem Eigelb zu einer Füllmasse verarbeiten.

2. Für die Sauce die Zwiebel, die Möhre und den Stangensellerie schälen und fein hacken. Die Kartoffeln schälen und klein würfeln. Die Butter zerlassen und das Gemüse darin hell anschwitzen. Die Kartoffelwürfel zugeben, salzen und mit so viel Fond aufgießen, daß das Gemüse gerade bedeckt ist. Im offenen Topf weich kochen, mindestens die Hälfte der Flüssigkeit soll verdampfen. Alles im Mixer pürieren, die Sahne zugießen, die Kräuter (Petersilie, Liebstöckel, Thymian und Ysop) zugeben und mit Pfeffer abschmecken.

3. Den Nudelteig möglichst dünn ausrollen und Rechtecke von 5 x 7 cm radeln. Die Füllung löffelweise darauf verteilen. Die Ränder mit verquirltem Eigelb bestreichen, die Rechtecke zu Täschchen zusammenfalten und die Ränder fest andrücken. In sprudelnd kochendem Salzwasser etwa 8 Minuten kochen und herausnehmen.

4. Den Speck fein würfeln und in einer Pfanne kroß auslassen. Die Nudeln mit der Sauce auf Tellern anrichten. Den Speck darüberstreuen.

Krautfleckerln sind für Manfred Buchinger, Küchenchef im Wiener Interconti, eine bodenständige Beilage. Und die macht er à la minute in der Pfanne, ganz ohne Eiermilch. Er reicht sie dann zum Beispiel zur gepökelten Entenbrust – eine wahre Delikatesse.

Krautfleckerln

EINE BESONDERS FEINE VARIANTE DER BELIEBTEN SCHINKENFLECKERLN.

Das ist sozusagen die österreichische Version vom Nudelauflauf, etwas Richtiges zum Sattessen – und wenn der Nudelteig selbstgemacht und der Schinken von bester Qualität sind, dann ist das Ganze zwar ein einfaches, aber nicht minder delikates Gericht.

Für den Nudelteig:
200 g Mehl
2 Eier, 1 EL Öl
1/2 TL Salz
Für den Auflauf:
300 g frisches Weißkraut
100 g durchwachsener Räucherspeck
150 g gekochter Schinken
90 g Zwiebeln
30 g Butter
Für die Eiermilch:
3 Eier, 125 g Crème fraîche
1/8 l Milch
Salz, frisch gemahlener Pfeffer

Der Krautgeschmack ist nicht jedermanns Sache. Will man sie zu Schinkenfleckerln umfunktionieren, dann braucht man nur das Kraut wegzulassen und den Anteil des gekochten Schinkens auf 250 g zu erhöhen. Besonders fein schmecken die Nudeln, wenn man in dem Kochwasser einen Schinkenknochen ausgekocht hat.

Die Zwiebeln, das Weißkraut, den Speck und den Schinken in eine Schüssel geben. Die gekochten Fleckerln untermischen.

Eine Auflaufform mit Butter ausstreichen und die Mischung einfüllen. Die Oberfläche glattstreichen. Die Eiermilch gleichmäßig darübergießen.

Außerdem:
30 g Butter für die Form
60 g zerlassene Butter

Den Teig zubereiten, wie auf Seite 9 beschrieben. In Folie wickeln und 1 Stunde im Kühlschrank ruhen lassen. Den Teig auf einer bemehlten Arbeitsfläche nudeldünn ausrollen und leicht antrocknen lassen. Anschließend zu Fleckerln, kleine Quadrate mit 1,5 cm Kantenlänge, schneiden, in sprudelnd kochendem Salzwasser al dente kochen und abseihen. Kurz mit kaltem Wasser abbrausen, damit sie nicht zusammenkleben und sich später gut mischen lassen. Inzwischen die Weißkrautblätter blanchieren, abschrecken, die groben Rippen herausschneiden und in Streifen schneiden. Den Speck in feine, den Schinken in grobe Würfel schneiden. Die Zwiebeln fein hacken. Die Butter in einer kleinen Pfanne zerlassen und die Zwiebelwürfel darin hell anschwitzen. Für die Eiermilch die Eier mit der Crème fraîche verrühren, die Milch zugeben und würzen. Weiterverfahren, wie in der Bildfolge gezeigt. Die gefüllte Auflaufform bei 200 °C in den vorgeheizten Ofen schieben und 40 bis 45 Minuten backen, bis die Oberfläche schön kroß gebräunt ist. Zwischendurch mit der zerlassenen Butter bepinseln, damit die Oberfläche nicht trocken wird.

Zur Tradition der Wiener Küche gehören süße Mehlspeisen in reicher Auswahl. Böhmische Köchinnen haben viele davon nach Wien gebracht und sie werden nach wie vor von den Köchen und Köchinnen Österreichs gepflegt.

Haselnuß-Kartoffelnudeln

EIN SÜSSES HAUPTGERICHT, DAS NICHT NUR KINDER BEGEISTERT. SOLL ES ALS DESSERT DIENEN, EINFACH DIE ZUTATEN HALBIEREN.

Die österreichische Küche kennt Nußnudeln meist in Form von Bandnudeln, die mit Haselnüssen und Eiern zu einem Auflauf gebacken werden. Aber auch diese Kartoffelnudeln, die vermutlich aus Böhmen stammen, sind recht populär, als gesalzene Beilage ebenso wie im folgenden Rezept als süßes Hauptgericht oder Nachtisch.

Für 80 Stück
Für den Kartoffelteig:
600 g mehlig kochende Kartoffeln, 200 g Mehl
50 g Butter, 50 g Grieß, 2 Eigelbe, 1 Prise Salz
Für die Nußmischung:
50 g Butter, 40 g Zucker
3 EL Orangensaft, 120 g gemahlene Haselnüsse
Abgeriebenes von 1/2 unbehandelten Orange
Außerdem:
Puderzucker
Zesten von 1 unbehandelten Orange

1. Den Teig zubereiten, wie auf Seite 130 gezeigt. Dafür die Kartoffeln in Alufolie wickeln und bei 200 °C im vorgeheizten Ofen 1 Stunde backen, anschließend pellen. Das Mehl auf eine Arbeitsfläche häufen, in die Mitte eine Mulde drücken. Die Butter in Stücken, den Grieß, Eigelbe und Salz hineingeben. Die heißen Kartoffeln kranzförmig durch die Kartoffelpresse auf den Mehlrand drücken und alles schnell zu einem glatten Teig kneten, 10 bis 15 Minuten ruhen lassen.

2. Den Teig auf einer bemehlten Arbeitsfläche zu Strängen von 3 bis 4 cm Durchmesser rollen und mit Mehl bestauben. Mit einem Messer 1 cm große Stücke abschneiden und mit der Hand zu Nudeln rollen, die zu beiden Enden spitz zulaufen. In kochendes, leicht gesalzenes Wasser einlegen und bei schwacher Hitze in 6 Minuten garziehen lassen. Abseihen und gut abtropfen lassen.

3. Die Butter in einer Pfanne aufschäumen lassen, Zucker und Orangensaft zugeben und köcheln, bis die Mischung leicht karamelisiert. Die Nüsse und die abgeriebene Orangenschale zufügen und rühren, bis sich die Butter-Zucker-Mischung vollständig mit den Nüssen vermischt hat. Mit den Nudeln vermengen, bis sie ganz von der Nußmischung eingehüllt sind. Die Nudeln auf Teller anrichten. Mit etwas Puderzucker und Orangenzesten bestreuen, servieren.

»Das Zuckern« überläßt man bei solchen Mehlspeisen dem Gast. Deshalb werden sie immer mit einer Staubzuckerdose serviert. »Staubzucker« ist so eine Art Puderzucker (wie er in Deutschland genannt wird), aber ein klein bißchen körniger.

In den Dörfern des Tessin kocht man italienisch mit etwas deutsch-schweizerischem Einfluß. Und man ist erfinderisch, wie das nebenstehende Rezept beweist.

Nudelgratin mit jungen Zucchini

EINE PASTA-DELIKATESSE FÜR DEN FRÜHSOMMER, WENN ES DIE ERSTEN ZUCCHINI GIBT.

Die Kombination Nudeln mit Zucchini ist sehr fein, aber nicht sehr aufregend. Das folgende Rezept hat aber schon etwas Besonderes. Nur die jungen Zucchini mit Blüten nimmt man dafür, und das Ragout ist nicht einfach Schweinefleisch, sondern vom zarten Ferkel, also nur die besten, frischesten Zutaten. Wenn man auch noch die Nudeln selbst macht, kann das Ganze nur ein Erfolg werden. Aber auch mit guten getrockneten Nudeln schmeckt das Gratin fein.

150 g Capellini

Für das Ragout:

60 g Zwiebel, 2 Knoblauchzehen
400 g Fleisch aus der Keule vom Spanferkel
500 g Tomaten
100 g Möhren
100 g Stangensellerie
2 EL Olivenöl, 1 EL Tomatenmark
1/4 l Weißwein
Salz, frisch gemahlener schwarzer Pfeffer
1/2 EL Thymianblätter
1 EL gehackte Petersilie
10 Zucchini mit Blüten

Außerdem:

60 g frisch geriebener Schweizer Bergkäse
20 g Semmelbrösel
Butter für die Form
20 g Butterflöckchen

Die Hälfte der Nudeln in die Auflaufform geben. Darauf die Hälfte vom Ragout gleichmäßig verteilen und mit der Hälfte der Zucchini belegen. Den Vorgang wiederholen. Mit der Käse-Semmelbrösel-Mischung bestreuen und die Butterflöckchen darauf verteilen.

Die Zwiebel und den Knoblauch schälen und fein hacken. Das Spanferkelfleisch von Haut und Sehnen befreien und in kleine Würfel schneiden. Die Tomaten kurz blanchieren, abschrecken und häuten, Stielansatz und Samen entfernen und das Fruchtfleisch in feine Würfel schneiden. Die Möhren schälen und sehr fein würfeln. Den Stangensellerie waschen und in feine Scheiben schneiden. In einer entsprechend großen Pfanne das Öl erhitzen und darin die Zwiebel- und Fleischwürfel scharf anbraten. Die Möhren, den Sellerie und den Knoblauch mitdünsten. Das Tomatenmark unterrühren und nur ganz kurz anbraten, es verbrennt sehr schnell und schmeckt dann bitter. Sofort den Wein aufgießen, 30 Minuten köcheln lassen. Die Tomatenwürfel zufügen, mit Salz und Pfeffer würzen. Erneut 30 Minuten schmoren und zum Schluß die Kräuter unterrühren. Inzwischen die Nudeln in sprudelnd kochendem Salzwasser al dente kochen, abseihen und kalt abschrecken. Die gewaschenen, abgetrockneten Zucchini mit den Blüten der Länge nach halbieren, den Blütenstempel entfernen und die Schnittflächen ganz leicht salzen und pfeffern. Den Käse mit den Semmelbröseln vermischen. Eine Auflaufform mit Butter ausstreichen und die Zutaten einschichten, wie in der Bildfolge gezeigt. Bei 190 °C im vorgeheizten Ofen in 30 bis 40 Minuten backen.

Die Milchwirtschaft der Schweiz bringt Käsesorten von ganz besonderer Güte hervor. Einer der besten ist zweifelsfrei der Sbrinz, ein extraharter Rohmilchkäse aus der »Innerschweiz«, der als Laib von 30 bis 40 kg Gewicht produziert wird. Als junger Käse wird er zu dünnen Scheiben gehobelt; zum guten Reibkäse aber wird er erst nach etwa 2 Jahren Reifezeit – wie der Parmigiano. Sein angenehmes Aroma paßt besonders gut zu Teigwaren wie Knöpfli, Spätzle oder die größeren Pizokel.

Spinatpizokel mit Kaninchenrücken

KANINCHENFLEISCH, DIE TRADITIONELLEN PIZOKEL MIT SPINAT UND EIN ALTER REIBKÄSE – EINE EINMALIGE GESCHMACKLICHE HARMONIE!

Die Pizokel, man könnte sie auch als zu groß geratene Spätzle bezeichnen, schmecken natürlich »nur« mit flüssiger Butter und Käse schon recht beachtlich, aber in Kombination mit Kaninchen sind sie eine kulinarische Extravaganz.

Für die Pizokel:
250 g Mehl, 3 Eier, 15 g flüssige Butter, 1/2 TL Salz
frisch gemahlener Pfeffer, frisch geriebene Muskatnuß
nach Bedarf etwas Wasser, 150 g Spinat, geputzt
Für das Fleisch:
2 Kaninchenrücken (je 500 g), mit Nieren
20 g Butter, 1 EL Pflanzenöl
Salz, frisch gemahlener Pfeffer
Für die Sauce:
80 g Lauch, 50 g Zwiebel, 1 Knoblauchzehe
50 g Möhre, 100 g Tomaten, 3 EL Pflanzenöl
1 TL Salz, frisch gemahlener Pfeffer, 3/4 l Kalbsfond
1 TL Speisestärke, mit etwas Wasser angerührt
Außerdem:
200 g Tomaten, 10 g Butter, 1 Schalotte, gewürfelt
Salz, frisch gemahlener Pfeffer
100 g frisch geriebener Sbrinz zum Bestreuen
glatte Petersilie zum Garnieren

Pizokel – die Technik der Zubereitung gleicht jener für schwäbische Spätzle. Beide werden vom Brett direkt in das kochende Salzwasser geschabt, nur sind die Pizokel viel dicker.

1. Für die Pizokel aus den Zutaten (ohne Spinat) einen Spätzleteig rühren, wie auf Seite 57 beschrieben. Den Spinat blanchieren, abseihen, kalt abschrecken, gut ausdrücken, grob schneiden und unter den Teig rühren, diesen beiseite stellen.

2. Von den Kaninchenrücken die Filets auslösen, von Haut und Sehnen befreien. Die Knochen klein hacken. Die Nieren waschen, halbieren und die Stränge vorsichtig entfernen. Den Lauch putzen, waschen und grob schneiden. Zwiebel, Knoblauch und Möhre schälen und grob würfeln. Die Tomaten vom Stielansatz befreien, vierteln.

3. Das Öl erhitzen, die Knochen zugeben und unter ständigem Rühren anrösten. Das Gemüse zugeben und kurz anschwitzen. Salzen, pfeffern und den Fond aufgießen. Zudecken und bei geringer Hitze etwa 40 Minuten köcheln lassen. Durch ein Spitzsieb in einen Topf seihen, etwas einkochen lassen. Die Sauce mit der angerührten Speisestärke binden, abschmecken.

4. Den Teig auf ein feuchtes Holzbrett geben und mit einem Messer Pizokel in sprudelnd kochendes Salzwasser schaben. Sobald sie an die Oberfläche steigen, herausheben und warm halten.

5. Die Tomaten blanchieren, häuten, von Samen und Stielansatz befreien und klein würfeln. Die Butter zerlassen und die Schalotte darin hell anschwitzen, die Tomaten untermischen, würzen.

6. Butter und Öl zerlassen. Die Filets salzen, pfeffern und darin von beiden Seiten etwa 6 Minuten braten. In den letzten 1 1/2 Minuten die Nieren zugeben. Das Fleisch in Scheiben schneiden.

7. Die Pizokel mit den Filetscheiben, den Nieren, den Tomaten und der Sauce auf Teller anrichten. Mit Käse bestreuen und mit Petersilie garnieren.

Austernpilze haben zwar kein besonders tolles Aroma, gemessen an anderen Pilzen, dafür aber andere Vorteile. Sie lassen sich relativ lange und problemlos im Kühlschrank lagern, und in Mischungen mit Fleisch behalten sie ihre Konsistenz.

Aufrechte Cannelloni

OHNE SAUCE, ABER MIT EINER DELIKATEN FÜLLUNG, SO WERDEN SIE AUFRECHT STEHEND GEGART.

Ein Rezept, das mit der traditionellen Pastaküche nicht viel gemein hat. Diese Cannelloni schwimmen nicht in Sauce. Der Teig hält nur die Füllung aus Schweinefleisch, Leber und Pilzen zusammen und wird von reichlich Butter und Käse vor der Hitze geschützt.

1 Rezept frischer Nudelteig Nr. 2 (siehe Seite 8)
Für die Füllung:
300 g Austernpilze, 60 g Butter
80 g Zwiebeln, fein gehackt
2 Knoblauchzehen, fein gehackt
350 g gehacktes mageres Schweinefleisch
150 g gehackte Schweineleber
400 g geputzter frischer Spinat
Salz, frisch gemahlener Pfeffer
Außerdem:
40 g Butter, 2 EL gehackte Frühlingszwiebeln
je 2 EL kleingewürfelte Möhre und Stangensellerie
1 Eiweiß, 100 g zerlassene Butter
10 g Semmelbrösel, 10 g frisch geriebener Parmesan

Für die Füllung die Austernpilze voneinander trennen, die »Füße« abschneiden und die Pilze in Streifen schneiden. Die Butter zerlassen und die Zwiebel- und Knoblauchwürfel darin anschwitzen. Das Hackfleisch zugeben und braten, bis es grau geworden ist und krümelig zerfällt. Die Leber, den Spinat und die Austernpilze kurz mitbraten, salzen, pfeffern und beiseite stellen. Die Cannelloni zubereiten, wie gezeigt. Während der Auskühlzeit im Gefrierfach die Butter erhitzen, die Zwiebel-, Möhren- und Selleriewürfel kurz anschwitzen und auf dem Boden einer Auflaufform verteilen. Weiterverfahren, wie gezeigt. Mit der Hälfte der zerlassenen Butter gleichmäßig beträufeln und bei 200 °C in den vorgeheizten Ofen schieben. Nach 15 Minuten mit der Semmelbrösel-Parmesan-Mischung bestreuen, die restliche Butter darübergeben, weitere 10 Minuten backen.

Den Nudelteig auf einer bemehlten Arbeitsfläche dünn ausrollen und 4 Platten von 15 x 20 cm ausschneiden.

Die Füllung auf die Teigplatten verstreichen, dabei die obere Teigkante freilassen und mit Eiweiß bestreichen.

Die Teigplatten der Länge nach aufrollen, gut verschließen und 20 Minuten ins Gefrierfach stellen.

Die ausgekühlten Teigrollen in 3 cm breite Stücke schneiden und in die vorbereitete Auflaufform stellen.

Buchweizen-Tascherln

»SCHWARZPLENTEN« STEHT IN SÜDTIROL FÜR BUCHWEIZEN, UND DARAUS WERDEN VIELE TEIGWAREN ZUBEREITET.

Buchweizen (*Fagopyrum esculentum*) ist kein eigentliches Getreide, sondern ein Knöterichgewächs, dessen geschälte Körner zu Mehl gemahlen werden. Sein kerniger, kräftiger Geschmack ist allerdings nicht jedermanns Sache, deshalb wird das Buchweizenmehl oft mit Weizenmehl (50/50) verschnitten. So läßt sich der Teig auch leichter verarbeiten, weil er geschmeidiger ist.

Für die Tomatensauce:
400 g reife Eiertomaten
25 g Möhre, fein gehackt, 50 g Zwiebel, fein gehackt
50 g Stangensellerie, fein gehackt
1/2 TL Salz, frisch gemahlener Pfeffer
2 EL Olivenöl
Für den Teig:
300 g Buchweizenmehl, 2 Eier
30 ml Milch, Salz
Für die Füllung:
30 g Schalotte, 1 Frühlingszwiebel
1/2 Bund Petersilie
je 60 g Egerlinge, Shiitake- und Austernpilze
15 g Butter
40 ml trockener Weißwein, Saft von 1/2 Zitrone
Salz, frisch gemahlener schwarzer Pfeffer
Außerdem:
40 g zerlassene Butter, 40 g Parmesan

Südtirol, dieser Grenzregion zwischen Österreich und Italien ist seine geographische Lage in kulinarischer Hinsicht besonders gut bekommen. Sie profitiert von beiden Kulturkreisen und von dem Reichtum an hervorragenden Produkten dieses Landes, die das Wachsen einer guten Küche erst möglich machten.

Wo Wein gedeiht, da läßt sich auch gut essen – in der Gegend rund um den Kalterer See trifft das jedenfalls zu, besonders was die Tascherln, Nockerln und Nudeln betrifft.

Foto: Tourismusverein Kaltern am See

Für die Sauce die Tomaten von den Stielansätzen befreien, würfeln und in einen Topf geben. Die Möhren-, Zwiebel- und Selleriewürfel zugeben, den Deckel aufsetzen und bei niedriger Temperatur in 40 Minuten weich köcheln. Durch ein Sieb in eine Kasserolle passieren. Erwärmen, salzen und pfeffern, das Öl unterziehen. Den Teig zubereiten, wie in der Bildfolge gezeigt. In Folie

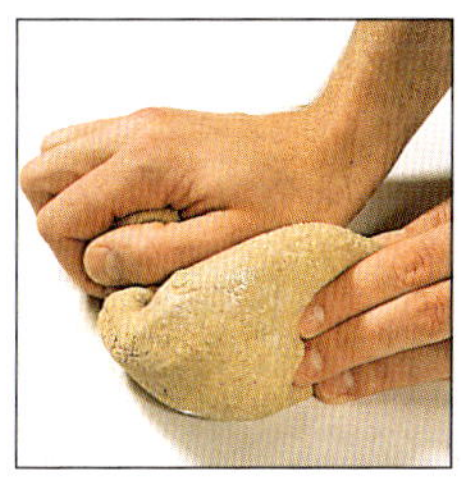

Das Mehl auf eine Arbeitsfläche häufen, in die Mitte eine Mulde drücken und die Eier hineingleiten lassen. Die Milch und das Salz zugeben. Die Zutaten vorsichtig vermischen und zu einem glatten Teig verkneten.

wickeln und 1 Stunde ruhen lassen. Für die Füllung die Schalotte fein hacken. Die Frühlingszwiebel in Ringe und die Petersilie fein schneiden. Alle Pilze putzen und klein würfeln. Die Butter zerlassen, die Schalottenwürfel darin hell anschwitzen. Die Pilze und die Frühlingszwiebel zugeben und bei hoher Hitze mitschwitzen. Mit dem Wein und dem Zitronensaft ablöschen, salzen und pfeffern. Den Teig dünn ausrollen und Kreise von 6 cm Durchmesser ausstechen. Weiterverfahren, wie gezeigt. Die Täschchen in sprudelnd kochendem Salzwasser in 8 bis 10 Minuten garen. Herausheben. Mit der Sauce begießen, mit Butter beträufeln und mit Parmesan bestreuen.

Auf die markierten Teigplätzchen 1 TL von der Füllung setzen. Darauf achten, daß sie genau im Zentrum plaziert ist.

Zusammenfalten und mit den Fingern andrücken. Sollte der Teig zu trocken sein, vorher den Rand befeuchten.

Gimelli mit Sardinen

WARUM DIE SARDINEN MIT DER PIKANTEN SAUCE NUR MIT DIESEN NUDELN SO GUT SCHMECKEN, BLEIBT EIN KULINARISCHES GEHEIMNIS.

Andere kernige Nudeln wie Penne oder Makkaroni sind natürlich auch brauchbar, aber das Ergebnis ist trotzdem nicht so zufriedenstellend. Dieses Gericht wird auch ohne die frischen Sardinen, also nur mit gesalzenen Sardellen zubereitet. Dann aber hat es einen sehr strengen, salzigen Geschmack, und es fehlt ihm das Aroma »des Meeres«, das die frischen Sardinen mitbringen.

350 g Gimelli
Für die Sauce:
25 g getrocknete Steinpilze
80 g Zwiebeln, 2 Knoblauchzehen
70 g Möhren, 300 g Tomaten
3 EL Olivenöl, 1 EL Tomatenmark
150 ml Rotwein, 1 Spritzer Zitronensaft
Abgeriebenes von 1/2 unbehandelten Zitrone
3 gesalzene Sardellenfilets, 1 Chilischote
1 Rosmarinzweig, einige Salbeiblätter
1/2 Bund Petersilie, Salz, frisch gemahlener Pfeffer
Für die Sardinen:
300 g Sardinen
1 EL Olivenöl

1. Die getrockneten Pilze mit etwas kochendem Wasser überbrühen und einweichen.

2. Die Zwiebeln und die Knoblauchzehen schälen und fein hacken. Die Möhren schälen und fein würfeln. Die Tomaten kurz blanchieren, häuten, vierteln, Samen und Stielansatz entfernen und das Fruchtfleisch würfeln. Das Öl in einer Pfanne erhitzen, die Zwiebel- und Knoblauchwürfel darin anschwitzen. Die Möhren- und Tomatenwürfel zugeben und kurz durchschwenken. Das Tomatenmark einrühren, mit dem Rotwein ablöschen und leicht köcheln lassen.

3. Inzwischen die Pilze aus dem Einweichwasser nehmen, ablaufen lassen und fein hacken, mit in die Pfanne geben. Den Zitronensaft und die abgeriebene Zitronenschale zufügen.

4. Die Sardellenfilets klein schneiden und unterrühren. Die Chilischote halbieren, die Samen und Scheidewände entfernen und das Fruchtfleisch fein hacken. Die Kräuter waschen, von den groben Stielen befreien und hacken. Zusammen mit den Chiliwürfeln in die Pfanne geben und durchmischen. Leicht salzen und pfeffern. Warm halten.

5. Die Sardinen filetieren. Das Öl in einer zweiten Pfanne erhitzen, die Filets zugeben und nur ganz kurz anbraten, weil sie schnell zu Brei verkochen.

6. Die Nudeln in sprudelnd kochendem Salzwasser al dente kochen. Abseihen und abtropfen lassen. Zur Sauce geben und untermischen. Die Sardinenfilets zugeben. Abschmecken und servieren.

Die Sonne des Mittelmeeres glaubt man bei diesen frischen Zutaten zu spüren. Tatsächlich aber gehören bestes Olivenöl, Rosmarin und Salbei zum täglichen Angebot im Supermarkt, und selbst frische Sardinen findet man ab und zu in der Fischabteilung.

Tagliatelle mit Meeresfrüchten

»PASTA CON FRUTTI DI MARE« UND FRISCHE KRÄUTER SO STELLT MAN SICH ESSEN AUF ITALIENISCH VOR.

Alles, was das Meer zu bieten hat, läßt sich mit Nudeln kombinieren. Muscheln aller Art, Fische, Tintenfische und Garnelen jeder Größe. Frisch gefangene Scampi, wie sie der sizilianische Fischer gerade sortiert, sind natürlich allen anderen Früchten des Meeres vorzuziehen.

Nudeln, Olivenöl, frische Kräuter, Meeresfrüchte und natürlich Tomaten – damit läßt sich wirklich kreativ kochen. Und mit einiger Phantasie wäre vielleicht sogar das Rezept überflüssig, wenn man schon genügend »Pasta-Erfahrung« hat. Eine qualitative Frage sind noch die Nudeln: fertig gekauft oder selbst gemacht? Tatsächlich gibt es sehr gute Tagliatelle in Form von Nestern aus der Tüte – aber sie können doch niemals mit den selbstgemachten konkurrieren. Dafür den frischen Nudelteig Nr. 3, wie auf Seite 9 gezeigt, zubereiten.

Mit frischen Kräutern ist dies in unseren Breiten ein echtes Sommeressen, das zwangsläufig an Ferien erinnert. Ein Glas Rotwein dazu macht die Illusion komplett.

350 g Tagliatelle
Für die Tomatensauce:
500 g Tomaten, 40 g Schalotten
1 Knoblauchzehe
4 EL Olivenöl
1/2 TL Salz, frisch gemahlener Pfeffer
1 EL gehackte gemischte Kräuter
Außerdem:
300 g Kalmare
1 EL Butter
8 rohe, geschälte Garnelen
12 schwarze Oliven

1. Für die Sauce die Tomaten kurz blanchieren, kalt abschrecken, häuten, halbieren, Stielansatz

und Samen entfernen, das Fruchtfleisch in Würfel schneiden. Die Schalotten und den Knoblauch schälen und sehr fein hacken. Das Öl in einer entsprechend großen Kasserolle erhitzen, die Schalotten und den Knoblauch darin anschwitzen. Die Tomatenwürfel zugeben, salzen, pfeffern und die Kräuter (Basilikum, Thymian und Petersilie) untermischen. Alles etwa 5 Minuten köcheln lassen. Die Sauce warm halten.

2. Die Kalmare vorbereiten, wie in der Bildfolge auf Seite 196 gezeigt. Die Fangarme und den Körper kurz in kochendem Salzwasser anziehen lassen. Den beutelartigen Körper in Ringe schneiden, die Fangarme ganz belassen.

3. Die Nudeln in sprudelnd kochendem Salzwasser al dente kochen, abseihen und abschrecken.

4. Die Butter in einer Pfanne erhitzen und die Garnelen darin kurz braten. Mit den Kalmaren und den Oliven in die Tomatensauce geben. Die Nudeln zufügen und alles zusammen kurz erhitzen. Auf Teller anrichten und sofort servieren.

Agnolotti mit Trüffelsauce

DIE NUDELTÄSCHCHEN ALLEIN SIND SCHON EINE DELIKATESSE – MIT DER TRÜFFELSAUCE ABER EIN »GEDICHT«.

Ein Rezept für die Zeit der frischen Trüffeln, also so zwischen November und März sollte man es zubereiten. Und weil die Trüffeln für die Sauce ganz fein gehackt werden, sind keine besonders schönen Exemplare nötig.

1 Rezept frischer Nudelteig Nr. 2 (siehe Seite 8)
Für die Füllung:
500 g Zicklein- oder Lammfleisch, 3 bis 4 EL Öl
1 Knoblauchzehe, fein gehackt
2 EL gehackte Schalotten, 80 g Möhrenwürfel
80 g Sellerieknolle, fein gewürfelt
1 TL frisch gehackter Thymian
einige gehackte Rosmarinnadeln
1 TL Salz, frisch gemahlener Pfeffer
etwa 1/2 l Kalbsfond, 500 g blanchierter Spinat
80 g frisch geriebener Parmesan, 2 Eier
Für die Trüffelsauce:
400 ml Kalbsfond, 25 g Trüffel, 20 g Butter
1 Schalotte, fein gehackt, 2 cl trockener Sherry
einige Tropfen Trüffelöl
Außerdem:
frisch gehackte Petersilie

Das sorgfältig parierte Fleisch in gleich große Stücke schneiden. Das Öl in einer Pfanne erhitzen und das Fleisch kurz anbraten. Den Knoblauch, die Schalotten, die Möhren, den Sellerie und die Kräuter zugeben, salzen und pfeffern. Bei guter Hitze das Fleisch in etwa 15 Minuten gleichmäßig braun braten. 1/4 l Fond aufgießen und in weiteren 60 bis 70 Minuten bei niedriger Hitze langsam gar schmoren. Bei Bedarf noch etwas Fond zugießen. Das Fleisch abkühlen lassen und durch die mittlere Scheibe des Fleischwolfs drehen. Den Spinat ausdrücken und fein hacken. Zum Fleisch geben, den Parmesan und die Eier zufügen und alles gut durchmischen. Inzwischen den Bratfond vom Fleisch mit dem restlichen Kalbsfond aufgießen und bis auf 2 bis 3 EL reduzieren. Unter die Füllung mischen, bei Bedarf nachwürzen. Den Teig möglichst dünn ausrollen und die Agnolotti herstellen, wie gezeigt. Etwas abtrocknen lassen. Für die Sauce den Fond auf 1/3 reduzieren. Die Trüffel sehr fein hacken. Die Butter in einem kleinen Topf erhitzen und die Schalottenwürfel darin glasig schwitzen. Die Trüffelwürfel zugeben und durchschwenken, mit dem Sherry ablöschen, den reduzierten Fond aufgießen und das Trüffelöl zugeben. Die Agnolotti in sprudelnd kochendem Salzwasser in 3 bis 4 Minuten kochen, bis sie an die Oberfläche steigen. Abseihen, sehr gut abtropfen lassen. In die Sauce geben, kurz durchschwenken, auf Teller anrichten und mit der Petersilie garnieren. Sofort servieren.

Auf dem dünn ausgerollten Teig 4 x 6 cm große Rechtecke markieren, jeweils eine Kugel der Fleischfüllung in die Mitte setzen.

Mit dem gezackten Teigrädchen die Rechtecke ausschneiden. Die Teigränder mit einem Pinsel mit Wasser befeuchten.

Den Teig so über die Füllung schlagen, daß Rechtecke von 4 x 3 cm entstehen, und die Ränder fest zusammendrücken.

Spinatnocken mit Hasenragout

DIESE GNOCCHI SCHMECKEN AUCH »SOLO« SCHON DELIKAT. MIT DEM HASENRAGOUT WERDEN SIE ZU ETWAS GANZ BESONDEREM.

Sie sind in ganz Nord-Italien zu Hause, aber besonders häufig werden die Spinatgnocchi in Südtirol und im Trentino zubereitet und tatsächlich meist nur mit brauner Butter und geriebenem Käse gegessen. Aber sie sind auch eine ganz feine Beilage und können sich in diesem Fall geschmacklich gegen das strenge Aroma des Wildhasen ohne weiteres behaupten.

Für das Hasenragout:
1 kg Wildhase (Keulen/Rücken oder ganzer Hase)
1 rote Zwiebel, 1 Knoblauchzehe
10 Wacholderbeeren, 1 TL weiße Pfefferkörner
2 Lorbeerblätter, 6 frische Salbeiblätter
1/2 l Rotwein aus dem Trentino
4 EL Olivenöl, 50 g Zwiebel, in Würfel geschnitten
50 g Möhre, in Würfel geschnitten
50 g Stangensellerie, in Stücke geschnitten
500 g Tomaten, 2 EL Tomatenmark, 1/4 l Wildfond
1 TL Salz, frisch gemahlener Pfeffer
Für die Spinatnocken:
500 g frischer Spinat, 250 g Weißbrot vom Vortag
100 ml Milch, 2 Eier, 80 g Mehl, Salz
Pfeffer, frisch geriebene Muskatnuß

Spinatnocken schmecken besonders fein, wenn sie mit den Salbeiblättern noch ein wenig in Butter geschwenkt werden. So sind sie auch eine feine Vorspeise, zusammen mit dem Hasenragout aber ein delikates Hauptgericht.

Außerdem:
50 g Butter, 8 Salbeiblättchen
50 g frisch geriebener Parmesan

1. Für das Ragout das Fleisch sorgfältig von Haut und Sehnen befreien und in eine entsprechend große Schüssel legen. Die Zwiebel und den Knoblauch schälen, die Zwiebel vierteln. Zusammen mit Wacholder, Pfeffer, Lorbeer und Salbei zum Fleisch geben und mit dem Wein übergießen. Mit Folie abdecken und 12 Stunden im Kühlschrank marinieren lassen. Das Fleisch herausnehmen, trockentupfen, von den Knochen lösen und 1 cm große Würfel schneiden, beiseite stellen.

2. Die Knochen klein hacken und in der Hälfte des Öls von allen Seiten gut anbraten. Das Gemüse zugeben und unter Rühren mitanbraten. Die Tomaten waschen, vierteln und mit dem Tomatenmark zugeben, kurz mitanbraten. Mit dem Fond und 1/4 l der Marinade ablöschen. Salzen und pfeffern. Zugedeckt 2 bis 3 Stunden schmoren, dabei nach und nach die restliche Marinade zufügen. Die Sauce durchseihen.

3. Das restliche Öl in einer entsprechend großen Pfanne erhitzen und das Fleisch darin anbraten. Mit der Sauce begießen, etwa 20 Minuten zugedeckt schmoren, bis das Fleisch weich ist.

4. Den Spinat verlesen, waschen, in kochendem Salzwasser blanchieren, gut ausdrücken und fein hacken. Das Weißbrot entrinden, klein würfeln, mit der Milch begießen und durchmischen. Den Spinat, die Eier, das Mehl und die Gewürze zugeben und alles gut vermengen. Mit einem Eßlöffel in der nassen Hand zu eigroßen Nocken formen. In kochendes Salzwasser geben, die Hitze reduzieren und in 5 bis 7 Minuten garziehen lassen. Herausnehmen und abtropfen lassen. In einer Form die Butter zerlassen, die Salbeiblätter darin schwenken, die Nocken hineinlegen, mit der Salbeibutter übergießen und mit dem Parmesan bestreuen.

Aus römischer Zeit haben nicht nur steinerne Zeugen überlebt. Es sind auch Rezepte überliefert, von denen aber heute nur noch wenige überzeugen.

Gnocchi alla romana

MIT DER PIKANTEN TOMATENSAUCE WIRD DIESE RÖMISCHE SPEZIALITÄT ZU EINEM DELIKATEN HAUPTGERICHT.

Gemessen an den anderen italienischen Regionen sind die kulinarischen Highlights in Rom und der Region Latium nicht überaus zahlreich. Diese Gnocchi aus Maisbrei gehören zu den Gerichten, die international bekannt wurden.

Für die pikante Tomatensauce:
500 g reife, saftige Tomaten
80 g Zwiebeln
1 Knoblauchzehe
1 kleine rote Peperoni
5 EL Olivenöl
2 EL gehackte Petersilie
1 EL gehackte Kräuter
100 ml Fleischbrühe
30 g Ricotta salata (gesalzene Ricotta)
Salz
Für die Polenta (Maisbrei):
1/2 l Wasser
1 TL Salz
150 g Maisgrieß (mittlere Körnung)
Für die Kräuterbutter:
100 g Butter
1 zerdrückte Knoblauchzehe
2 EL gehackte Kräuter
Außerdem:
Butter für die Form
40 g frisch geriebener Parmesan

Mit einem Ring von 6,5 cm Durchmesser ovale Scheiben ausstechen. Dachziegelartig in eine gebutterte Auflaufform schichten, mit Parmesan bestreuen. Die zerlassene Kräuterbutter darüber verteilen.

Für die Sauce die Tomaten blanchieren, häuten, halbieren, Stielansatz und Samen entfernen und das Fruchtfleisch klein würfeln. Die Zwiebeln schälen und fein würfeln. Die Knoblauchzehe schälen und in Scheibchen schneiden. Die Peperoni waschen, der Länge nach halbieren, von den Samen und Scheidewänden befreien und fein hacken. In einer Stielkasserolle das Öl erhitzen, die Zwiebel- und die Knoblauchwürfel darin hell anschwitzen. Die Petersilie und die anderen gehackten Kräuter (Oregano, Salbei und Rosmarin) sowie die Peperoni mit den gewürfelten Tomaten zugeben, mit der Fleischbrühe aufgießen und 20 Minuten bei

leichter Hitze zugedeckt schmoren lassen. In der Zwischenzeit für die Polenta das Wasser mit dem Salz in einem Topf zum Kochen bringen. Den Maisgrieß mit der einen Hand in dünnem Strahl in das Wasser rieseln lassen und gleichzeitig mit der anderen Hand mit einem Holzlöffel kräftig rühren, damit sich keine Klumpen bilden. Diese entstehen vor allem, wenn die Temperatur des Wassers unter den Siedepunkt fällt, was leicht passiert, wenn man den Grieß auf einmal hineinschüttet. Solange der Brei noch nicht eingedickt ist, spritzt es nach allen Seiten, deshalb empfiehlt es sich, ein Tuch über den Topf zu legen. Die Polenta immer im Uhrzeigersinn rühren, bis sie sich vom Topf löst. Das dauert etwa 20 Minuten. Den Maisbrei auf ein nasses Brett schütten, mit einer Palette 1 cm dick verstreichen und abkühlen lassen. Für die Kräuterbutter die Butter in einem Topf zerlassen und den Knoblauch darin kurz anschwitzen. Die Kräuter (Petersilie, Oregano, Rosmarin) einrühren und den Topf beiseite stellen. Weiterverfahren, wie links gezeigt. Die gefüllte Auflaufform bei 220 °C in den vorgeheizten Ofen schieben. Die Gnocchi 11 Minuten backen und zum Schluß noch 1 Minute unter den Grill stellen. Vor dem Servieren die frisch geriebene Ricotta unter die Tomatensauce rühren und nach Bedarf mit Salz abschmecken.

Polenta-Gnocchi werden im italienischen Norden meist in der bekannten »Nockerlform«, also als kleine Klößchen, zubereitet. Nur die Römischen Gnocchi werden aus einer Polentaplatte ausgestochen und erhalten so ihre bekannte, typische Form. Sie schmecken übrigens auch sehr gut zu Wildragout, es muß also nicht unbedingt eine Tomatensauce sein.

Foto: Furtner, Südtirol Tourismus Werbung, Bozen

Im malerischen Südtiroler Bergland ist die Küche seit jeher eine gelungene Mischung aus ärmlicher Bauernkost der Alpen und deutlichem italienischen Einfluß. Ein Rezept wie die Schlutzkrapfen ist ein gutes Beispiel für diese Liaison.

Schlutzkrapfen

MIT KRAPFEN HAT DIESE SÜDTIROLER SPEZIALITÄT GAR NICHTS GEMEINSAM, VIELMEHR SIND ES RICHTIGE RAVIOLI MIT EINER FEINEN SPINATFÜLLUNG.

Der originale Schlutzkrapfenteig hat einen Anteil aus Roggenmehl, der diesen Ravioli aus Italiens nördlichster Provinz einen etwas kräftigeren Geschmack verleiht und der auch gut zu der Spinatfüllung paßt. Das Rezept ergibt 45 Stück.

Für den Teig:
150 g Weizenmehl Type 405 oder 550
100 g Roggenmehl Type 997
1/2 TL Salz, 1 Ei, 1 bis 2 TL Öl, etwa 75 ml Wasser
Für die Spinatfüllung:
375 g Spinat, 1 EL gehackte Petersilie
1/2 EL gehackter Liebstöckel, 15 g Butter
30 g feine Zwiebelwürfel, 10 g Mehl
1/8 l heiße Milch
Salz, frisch gemahlener Pfeffer
frisch geriebene Muskatnuß
20 g frisch geriebener Parmesan
Für die Garnitur:
12 Cocktailtomaten, 1 EL Butter
1 TL gehackte Petersilie
Salz, frisch gemahlener Pfeffer
Außerdem:
1 Eiweiß zum Bestreichen, glatte Petersilienblätter
50 g frisch geriebener Parmesan, 50 g Butter

Für den Teig beide Mehlarten miteinander vermischen und auf eine Arbeitsfläche geben. In die Mitte eine Mulde drücken, Salz, Ei, Öl und zunächst nur 50 ml Wasser hineingeben. Mit einer Gabel von der Mitte aus mit etwas Mehl vom Rand verrühren, dann zu einem geschmeidigen Teig kneten. Je nach Bedarf weiteres Wasser zugeben. In Folie einschlagen und ruhen lassen. Für die Füllung den Spinat waschen, putzen und in Salzwasser blanchieren, bis er zusammenfällt. Herausheben und kalt abschrecken. Sehr gut ausdrücken und fein hacken. Mit den Kräutern vermischen. Die Butter zerlassen und darin die Zwiebelwürfel glasig schwitzen. Mit dem Mehl bestauben und ohne Farbe mitschwitzen. Die Milch unter Rühren aufgießen, aufkochen und zu einer sämigen Béchamelsauce einkochen lassen. Die Spinat-Kräuter-Mischung, Salz, Pfeffer und Muskat einrühren und den Parmesan untermischen. Die Füllung zur Seite stellen. Die Schlutzkrapfen zubereiten, wie in der Bildfolge gezeigt. In sprudelnd kochendem Salzwasser etwa 10 Minuten kochen, herausheben und abtropfen lassen. Inzwischen die Cocktailtomaten halbieren. In einer Pfanne die Butter zerlassen und die Tomaten darin schwenken, mit Petersilie bestreuen und würzen. Die Schlutzkrapfen mit den Tomaten und mit den Petersilienblättern anrichten, mit Parmesan bestreuen und mit der zerlassenen Butter begießen.

Den Nudelteig sehr dünn ausrollen und Teigscheiben von 8 cm Durchmesser ausstechen. Den Teig ringsum entfernen.

Auf jede Teigscheibe etwas von der Füllung setzen. Darauf achten, daß sie genau im Zentrum plaziert ist.

Die Ränder der Teigscheiben rundum mit Eiweiß bestreichen und vorsichtig zu Halbmonden zusammenklappen.

Die Teigtaschen an den Rändern fest zusammendrücken. Darauf achten, daß an keiner Stelle Füllung austreten kann.

Bucatini ai carciofi

NUDELN MIT KLEINEN ARTISCHOCKEN – EIN PASTAGERICHT AUS DEM SÜDEN ITALIENS.

Lange Röhrennudeln eignen sich gut, um auf Teller »Nester« zu legen, über die dann das Ragù oder die Sauce gegeben werden kann. Das in diesem Rezept verwendete Öl soll von bester Qualität, also kaltgepreßt sein. Und das verdient schon eine schöne Kanne zum Aufbewahren, wie etwa die hier abgebildete. Sie ist eine moderne Version der traditionellen Ölkännchen, die in Italien täglich verwendet werden.

300 g Bucatini
Für die Artischocken:
12 kleine Artischocken, Saft von 1 Zitrone, 1/2 TL Salz

Artischocken, die noch nicht geöffneten Blütenknospen einer distelähnlichen Pflanze, gehören in den Mittelmeerländern zur täglichen Speisekarte. Vor allem die zarten Blütenböden der großen und die Herzen der kleinen Artischocken sind mit ihrem bitteren Aroma höchst beliebt.

Ganz junge Artischocken können komplett verzehrt werden, da sie sehr zart sind. In Italien bevorzugt man vor allem die violetten Sorten der »carciofi«.

Für die Tomatensauce:
600 g Tomaten, 80 g Zwiebeln
1 Knoblauchzehe, 60 g Möhren
60 g Stangensellerie, 2 EL Olivenöl
1/8 l Gemüsebrühe, Salz, frisch gemahlener Pfeffer
Außerdem:
frische Thymianblättchen

1. Den Stiel der Artischocken direkt unter dem Blütenansatz abschneiden, die kleinen, harten Blätter rund um den Stielansatz entfernen. Von den äußeren Blättern die Spitzen mit einer Küchenschere und von jeder Artischocke die Spitze mit einem scharfen Messer abschneiden. Das Heu entfernen (siehe Seite 188). Die Artischocken

halbieren, vierteln und sofort in eine Schüssel mit Wasser und dem Saft von 1/2 Zitrone legen. Zum Kochen alle Viertel in einen Topf geben und mit Wasser gerade bedecken. Den restlichen Zitronensaft und das Salz zufügen. Die Artischockenstücke etwa 15 Minuten kochen.

2. Für die Sauce die Tomaten blanchieren, kalt abschrecken, häuten, vierteln, Stielansatz und Samen entfernen und das Fruchtfleisch klein würfeln. Die Zwiebeln und die Knoblauchzehe schälen und hacken. Die Möhren und den Stangensellerie putzen und fein würfeln. Das Öl erhitzen, die Zwiebel- und Knoblauchwürfel darin anschwitzen. Das Gemüse zugeben und kurz andünsten. Die Brühe aufgießen, salzen, pfeffern, 10 Minuten leise köcheln lassen.

3. Die Bucatini in sprudelnd kochendem Salzwasser al dente kochen und abseihen. Die Artischocken aus dem Sud heben und unter die Sauce mischen. Die Nudeln auf 4 Teller anrichten, die Sauce darübergeben, mit Thymian bestreuen.

Zite, Zitoni und Makkaroni (von oben nach unten) sind die Röhrennudeln mit dem größeren Durchmesser. Die Bucatini sind noch etwas dünner, aber alle stammen aus Süditalien und Sizilien und werden vor allem mit Ragù gegessen, die wenig Flüssigkeit haben.

Salbei frisch aus dem Garten oder vom Balkon schmeckt am besten. Aber man findet ihn auch im Kräuterangebot der Gemüseabteilungen. Er läßt sich gut einfrieren, indem die Blätter zwischen geöltes Pergamentpapier gelegt werden.

Ravioli alla salvia

IN REICHLICH BUTTER GEBRATEN, KOMMT DER SALBEI ÜBER DIE RAVIOLI – UND NATÜRLICH FRISCH GERIEBENER PARMIGIANO.

»Di magro« heißt diese klassische Füllung aus Ricotta und Spinat in Italien. Im Piemont nennt man die mit dieser Kombination gefüllte Pasta »agnolotti«, in Bologna und der ganzen Region »ravioli di magro«. Diese Ricottamischung wird aber auch in die großen Ravioloni und in die winzigen Raviolini gefüllt; man findet sie auch in Tortellini und in den rund ausgestochenen Tortelli. Die Füllung ist also nicht an die Form der Pasta gebunden. Die Zubereitung ist immer etwas mühsam, und je kleiner die Ravioli gewünscht werden, desto schwieriger wird es. Ravioliformen, wie hier gezeigt, sind dabei eine große Hilfe.

Für etwa 110 Stück
Für den Nudelteig:
300 g doppelgriffiges Mehl Type 405
2 Eier, 4 Eigelbe, 1/3 TL Salz
Für die Füllung:
300 g junger Spinat, 200 g Ricotta
1/2 TL Salz, frisch gemahlener Pfeffer
frisch geriebene Muskatnuß
100 g frisch geriebener Parmesan, 2 Eigelbe
Außerdem:
1 Eiweiß zum Bestreichen, 80 g Butter
16 Salbeiblätter, frisch geriebener Parmesan

Das Mehl auf eine Arbeitsfläche häufen und in die Mitte eine Mulde drücken. Die Eier und die Eigelbe hineingleiten lassen, das Salz zugeben und von der Mitte heraus mit einer Gabel verrühren, dabei schon etwas Mehl vom Rand mit untermischen. Mit beiden Händen das Mehl von außen nach innen schieben und nach und nach unterarbeiten. Zu einem glatten, elastischen Teig kneten, das dauert etwa 10 Minuten. In Folie wickeln und 1 Stunde kühl ruhen lassen.

Für die Füllung den Spinat verlesen, von den Stielen befreien und in leicht gesalzenem, kochendem Wasser 1 bis 2 Minuten blanchieren, herausnehmen und in Eiswasser abschrecken. Abseihen, gut abtropfen lassen und zusätzlich in einem Tuch gut ausdrücken. Den Spinat grob hacken. Alle Zutaten gut vermischen, wie in der Bildfolge gezeigt. Den Teig in 6 Teile teilen und auf einer bemehlten Arbeitsfläche jeweils zu dünnen Platten, etwas größer als die Ravioliform, ausrollen. Eine Seite der Teigplatte mit reichlich Mehl bestreuen und diese Seite nach unten auf die Form legen. Die Ravioli füllen, wie in der Bildfolge gezeigt. Mit den restlichen Teigplatten ebenso verfahren. Die Ravioli aus der Form lösen. In leicht gesalzenes, kochendes Wasser geben und in 4 bis 5 Minuten gar kochen. Mit einem Schaumlöffel herausnehmen und in tiefe Teller verteilen. In der Zwischenzeit die Butter goldgelb zerlassen, die Salbeiblätter darin schwenken und über die Ravioli verteilen. Mit dem Parmesan bestreuen und sofort servieren.

Alle Zutaten für die Füllung in eine entsprechend große Schüssel geben und zu einer glatten Masse verrühren.

Eine dünne Teigplatte auf die Ravioliform legen, die Füllung in die Vertiefungen setzen, die Zwischenräume mit Eiweiß bestreichen.

Eine zweite, leicht angefeuchtete Teigplatte darüberlegen, es dürfen keine Luftblasen entstehen. Vorsichtig darüberrollen, ohne die Füllung zu verschieben.

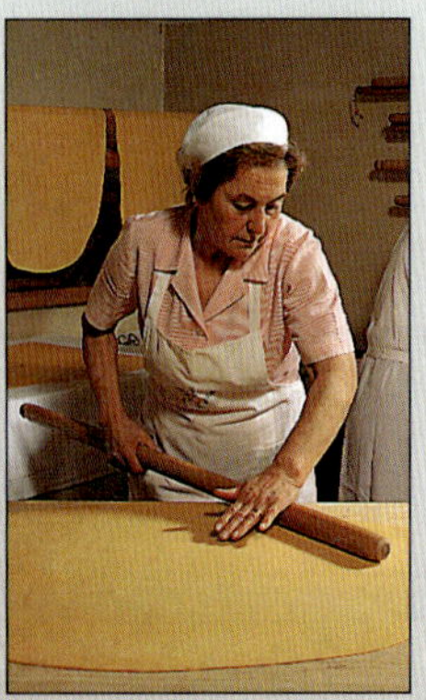

Es ist eine Kunst für sich, die »Sfoglia« (den Nudelteig) so dünn und so gleichmäßig wie möglich auszurollen. Da gehört eine Portion Erfahrung dazu, wie sie nur die Nudelspezialistinnen aus Bologna mitbringen.

Tagliatelle alla bolognese

ODER FAST »ALLA BOLOGNESE«, DENN DA STIMMT EINIGES MIT DEM ORIGINAL NICHT ÜBEREIN.

Aber das folgende Rezept ist zumindest eine interessante Variante von dem »Ragù alla bolognese«. Es wird mit Kalbsleber und Schweinefleisch zubereitet, aber ohne Schinken.

400 g Tagliatelle
Für die Sauce nach Bologneser Art:
100 g Möhren, 200 g Zwiebeln, 1 Knoblauchzehe
150 g Stangensellerie, 800 g frische Tomaten
800 g Tomaten aus der Dose (Pelati), grob zerteilt
200 g Kalbsleber, 400 g Schweinefleisch, 4 EL Öl
4 EL gehackte Petersilie, 80 g Butter
6 EL Tomatenmark, 1/4 l Fleischbrühe
1 TL Salz, frisch gemahlener Pfeffer
1/2 TL Zucker (nach Belieben)

1. Die Möhren schälen und fein würfeln. Die Zwiebeln und den Knoblauch schälen und fein hacken. Den Sellerie fein würfeln. Die frischen Tomaten blanchieren, häuten, halbieren, die Samen herausdrücken und das Fruchtfleisch würfeln. Die Dosentomaten passieren. Die Leber putzen. Das Fleisch und die Leber klein würfeln.

Hausgemacht ist bei den Nudeln in der Emilia Romagna nicht gleichbedeutend mit »selbstgemacht«. Die Pastaie, die professionellen Nudelköchinnen, beliefern Restaurants und den Endverbraucher täglich mit frischen Nudeln, die in bezug auf Qualität keine Wünsche offen lassen.

2. Das Öl in einem Topf erhitzen und die Möhren darin angehen lassen. Die Zwiebel- und Knoblauchwürfel zugeben und unter Rühren mit anschwitzen. Die Selleriewürfel einrühren, die Petersilie zugeben und alles gut durchschwitzen. Die Fleischwürfel zufügen und unter ständigem Rühren anbraten. Die Hälfte der Butter darin schmelzen, dann die frischen Tomatenwürfel zufügen. Die passierten Dosentomaten daraufgeben und alles gut durchrühren. Im offenen Topf kurz durchköcheln lassen. Das Tomatenmark löffelweise zugeben, sorgfältig unterrühren und etwas einkochen lassen. Zum Schluß unter Rühren die Fleischbrühe aufgießen und mit Salz und Pfeffer würzen. Die Sauce mindestens 1 Stunde schmoren lassen, dabei den Deckel einen Spalt offen lassen, damit etwas Dampf entweichen kann und die Sauce leicht einkocht. Mit dem Zucker abschmecken und weitere 30 Minuten köcheln lassen. Die restliche Butter in die Sauce geben und erneut abschmecken.

3. Kurz vor Ende der Garzeit der Sauce die Tagliatelle in sprudelnd kochendem Salzwasser al dente kochen. Abseihen, sofort auf Teller anrichten und mit der Sauce servieren.

Nudeln, Pesto und Fisch

PESTO UND NUDELN, VOR ALLEM BANDNUDELN PASSEN IMMER – NATÜRLICH AUCH MIT FISCH.

Auf diese Knoblauchsauce kann man in der Pastaküche einfach nicht verzichten, denn die Mischung aus Knoblauch, Öl, Pinienkernen, Basilikum und Käse ist auch in minimaler Dosierung eine wundervolle Würzung. Dieses Grundrezept läßt sich aber mit Gemüse, zum Beispiel Zucchini, Blumenkohl und so weiter, oder mit Fisch, der gebraten hervorragend dazu paßt, erweitern. Das kann ganz einfacher Konsumfisch sein; Heilbutt oder sein wertvollerer Verwandter, der Steinbutt.

Für den Nudelteig:
300 g Weizenmehl, 3 Eier, 1 EL Olivenöl
1/2 TL Salz, nach Bedarf etwas Wasser
Für den Pesto:
2 Knoblauchzehen, 60 g frische Basilikumblätter
25 g Pinienkerne, etwas Salz, 25 g Pecorino
40 g Parmesan, 1/8 l Olivenöl extra vergine
Für die Garnituren:
200 g Zucchini, 100 g Möhren, 4 Cocktailtomaten
400 g Heilbutt- oder Steinbuttfilet
Salz, frisch gemahlener Pfeffer, 70 g Butter

Den Nudelteig zubereiten, wie auf Seite 9 beschrieben. In Folie wickeln, mindestens 1 Stunde im Kühlschrank ruhen lassen. Für den Pesto den Knoblauch schälen, klein schneiden. Die Basilikumblätter waschen, trockentupfen und in grobe Streifen schneiden. Weiterverfahren, wie gezeigt. Die Zucchini waschen, beide Enden abschneiden, längs in dünne Scheiben schneiden und diese längs halbieren. Die Möhren schälen, längs in dünne Scheiben schneiden. Die Cocktailtomaten vom Stielansatz befreien, quer halbieren. Den Fisch in 1,5 cm große Würfel schneiden und würzen. Den Nudelteig zu Trenette verarbeiten. Dafür mit der Nudelmaschine zur gewünschten Stärke ausrollen und mit einem Vorsatz in 4 mm breite Streifen schneiden. In sprudelnd kochendem Salzwasser al dente kochen und abseihen. Inzwischen in einer Pfanne 50 g Butter zerlassen, die Fischwürfel von allen Seiten braten und herausnehmen. Die restliche Butter in der Pfanne zerlassen, die Möhren- und Zucchinistreifen darin leicht braten, die Tomaten kurz mitbraten. Würzen. Die Trenette mit dem Gemüse und dem Pesto vermischen und mit den Heilbuttwürfeln auf Teller anrichten.

Den Knoblauch, die Pinienkerne und das Salz im Mörser zermahlen, das Basilikum einarbeiten.

Den möglichst fein geriebenen Käse portionsweise zugeben und sorgfältig unterrühren.

Das Öl in dünnem Strahl (wie bei einer Mayonnaise) einlaufen lassen und unterrühren.

Das Ragù alla bolognese schmeckt bei Gigina einfach gut – vielleicht, weil sie es besonders lange schmoren läßt oder weil ihr Restaurant in Bologna steht oder weil sie ganz einfach eine begnadete Köchin ist.

Lasagne nach Bologneser Art

MIT »KLASSIKERN« TUT MAN SICH IN DER KÜCHE IMMER SCHWER, WEIL MAN DAS VERMEINTLICHE ORIGINAL DOCH NIE ERREICHT.

Deshalb ist es besser, man verläßt sich auf seinen eigenen Geschmack und seine eigene Erfahrung und auf das, was der Markt gerade in guter Qualität bietet. Selbst wenn das Rezept Rindfleisch vorschreibt, kann es mit Schwein, Lamm oder sogar mit Wild zu höchst interessanten Ergebnissen führen.

Lasagneblätter werden in verschiedenen Ausführungen angeboten. Neben den weißen und mit Spinat gefärbten grünen Blättern gibt es vorgegarte Instant-Lasagneblätter. Sie müssen nicht vorher gegart werden, brauchen aber reichlich Sauce, da sie viel Flüssigkeit aufnehmen. Die gewellte Form gewährleistet übrigens, daß die Sauce sich besser verteilen kann und dabei besser haften bleibt.

400 g trockene Lasagneblätter (16 Stück)
oder 600 g frische weiße Lasagneblätter
Für die Bologneser Fleischsauce:
60 g Zwiebel, 70 g Möhre, 1/2 Petersilienwurzel
1 Stangensellerie, 40 ml Öl, 40 g Butter
500 g gehacktes, mageres Rindfleisch
2 EL Tomatenmark
250 g gehäutete Tomaten aus der Dose mit Saft
Salz, frisch gemahlener Pfeffer
1 EL frisch gehackte Petersilie
1 TL frisch gehackter Thymian
1 TL frisch gehacktes Basilikum
1/8 l kräftige Fleischbrühe, 1/8 l Rotwein
Für die Béchamelsauce:
25 g Butter, 30 g Mehl, 1/2 l Milch
Salz, frisch gemahlener weißer Pfeffer
1 Messerspitze frisch geriebene Muskatnuß
Außerdem:
Butter für die Form
80 g frisch geriebener Parmesan

Die Hälfte der Fleischsauce in die Form einfüllen und gleichmäßig verstreichen. Erneut 4 Lasagneblätter überlappend einlegen. Darauf die Hälfte der Béchamelsauce verteilen. Den gesamten Vorgang einmal wiederholen. Die letzte Schicht ist Béchamelsauce, sie wird mit dem Parmesan bestreut.

Für die Fleischsauce die Zwiebel fein würfeln. Die Möhre, die Petersilienwurzel und den Stangensellerie (diesen mit den Blättern) putzen und sehr fein hacken. In einer Kasserolle das Öl mit der Butter erhitzen, das Hackfleisch zugeben und kräftig anbraten, bis es grau wird und krümelig zerfällt. Das vorbereitete Gemüse und das Tomatenmark zufügen und kurz durchschwitzen. Die Tomaten mit dem Saft, die Gewürze und die Kräuter einrühren und die Brühe mit dem Wein aufgießen. Alles zusammen 50 Minuten köcheln lassen. Für die Béchamelsauce die Butter nicht zu stark erhitzen, das Mehl einrühren und ohne Farbe anschwitzen. Die Milch zugießen, glattrühren und zum Kochen bringen. Würzen, bei schwacher Hitze 20 Minuten unter ständigem Rühren köcheln lassen und durch ein Sieb passieren. Die Lasagneblätter in sprudelnd kochendem Salzwasser 7 bis 9 Minuten garen. Herausheben, glatt auslegen und mit einem feuchten Tuch abdecken. Den Boden einer Auflaufform mit Butter ausstreichen und als erste Lage 4 Lasagneblätter überlappend hineinlegen. Weiterverfahren, wie in der Bildfolge gezeigt. Bei 180 °C im vorgeheizten Ofen in 40 Minuten goldgelb backen.

Salbei-Fazzoletti mit Kalbsbriesfüllung

EINE NUDELDELIKATESSE, FÜR DIE SICH DIE MÜHE LOHNT, DENN NUDELN UND FÜLLUNG MACHEN SCHON EINIGE ARBEIT.

Fazzoletti, also »Taschentücher«, so nennt man diese Nudelfladen auf italienisch, werden für dieses Rezept mit Salbeiblättern parfümiert. Mit der Nudelmaschine geht das recht einfach.

Für die Fazzoletti:
225 g Mehl
2 Eier, 1 Eigelb, 1/2 TL Salz
einige Kapuzinerkresseblüten
1 großer Bund Salbeiblätter
Für das Kalbsbries:
500 g Kalbsbries
Salz, frisch gemahlener Pfeffer
1/2 TL Paprikapulver
20 g Butter
Für die Schalottensauce:
1/2 l Kalbsfond, 80 g Schalotten
40 g Möhre, 40 g Stangensellerie
1/2 Knoblauchzehe
3 EL feines Öl, 2 EL Aceto Balsamico
Zum Garnieren:
Salbeiblätter und Kapuzinerkresseblüten

Den Nudelteig zubereiten, wie auf Seite 9 gezeigt. In Folie einwickeln und mindestens 1 Stunde kühl ruhen lassen. Die Kapuzinerkresseblüten von Stempel und Blütenkelch befreien. Die Salbeiblätter waschen und zum Trocknen auf Küchenpapier auslegen. Das Kalbsbries kurz blanchieren, die Haut sorgfältig abziehen und das Bries feucht halten. Inzwischen die Nudelblätter zubereiten. Dafür den entspannten Nudelteig zu breiten Streifen von 5 bis 6 mm Stärke ausrollen und mit den Blüten und Blättern belegen, wie in der Bildfolge gezeigt. Damit sie gut haften, muß der Teig ganz frisch sein; sobald er abzutrocknen beginnt, ganz leicht mit Wasser besprühen. Aus den gefüllten Teigstreifen Rechtecke von 8 x 10 cm schneiden, zur Seite legen und mit einem feuchten Tuch bedecken. Für die Sauce den Kalbsfond auf 150 ml einreduzieren. Die Schalotten schälen

Einen Teigstreifen dicht mit den Salbeiblättern und den Kapuzinerkresseblüten belegen, einen zweiten Streifen darüberlegen und fest andrücken.

Die gefüllten Teigstreifen nochmals bei gleicher Stärke durch die Walzen der Nudelmaschine geben und zu mehr als der doppelten Länge ausrollen.

und würfeln. Die Möhre und den Stangensellerie putzen und fein würfeln. Den Knoblauch schälen und fein hacken. In einer Pfanne das Öl erhitzen und darin die Schalotten anschwitzen. Die Möhren, den Stangensellerie und den Knoblauch einige Minuten mitschwitzen. Den reduzierten Fond und den Essig aufgießen und bei geringer Hitze auf die Hälfte einreduzieren. In der Zwischenzeit die gefüllten Nudelblätter in sprudelnd kochendem Salzwasser al dente kochen. Das Kalbsbries in 1 cm dicke Scheiben schneiden und mit Salz, Pfeffer und Paprikapulver würzen. In einer zweiten Pfanne die Butter zerlassen, das Bries bei guter Hitze 2 bis 3 Minuten anbraten und zur Schalottensauce geben. Auf Teller je 3 Schichten Nudelblätter mit Kalbsbries füllen, mit Salbeiblättern und Kapuzinerkresseblüten garnieren und servieren.

Nudeln mit Ragout von der Wildente

EIN HERZHAFTES SCHMORGERICHT MIT FRISCHEN MEDITERRANEN KRÄUTERN.

Nudeln sind als »Saucenschlucker« sehr beliebt. Ein gutes Beispiel sind die kurzen, dicken Rigatoni, wie sie in diesem Rezept verwendet werden, an denen das Ragout von kleingewürfeltem oder grob durchgedrehtem Fleisch gut haften bleibt. Dieses Ragout bekommt seinen erlesenen Geschmack zum einen durch die Würzung mit frischen Kräutern der Region, vornehmlich Thymian und Rosmarin, und zum anderen durch den herzhaften Bauchspeck. Das Gericht kann noch mit Parmesankäse abgerundet werden.

Das Öl erhitzen und den in feine Würfel geschnittenen Speck darin knusprig anbraten.

Das in feine Streifen geschnittene Gemüse zugeben, anschwitzen und das Fleisch zufügen.

Mit dem Wein ablöschen, das Tomatenmark einrühren, würzen und bei geringer Hitze einkochen lassen.

Salzen und pfeffern. Die Kräuter und den Fond zugeben, das Ragout weiterköcheln lassen.

Das Fleisch von der Wildente, die Kräuter und der Merlot, sie ergänzen sich ganz hervorragend. Ein fast gleich gutes Ergebnis erreicht man aber mit der Hausente, ohne an der Kombination der Zutaten etwas zu ändern. Man muß nur darauf achten, daß das Fleisch nicht zu fett ist.

400 g Mezze rigatoni
Für das Wildentenragout:
1 Wildente (etwa 700 g)
50 g Pancetta (Bauchspeck)
60 g Zwiebel
60 g Stangensellerie
60 g Möhre
3 EL Pflanzenöl
1/4 l Rotwein (Merlot), 1 EL Tomatenmark

1/2 TL Salz
frisch gemahlener weißer Pfeffer
1 Lorbeerblatt
je 1 Thymian- und Rosmarinzweig
1/4 l Wildgeflügelfond
1 EL gehackte Petersilie
Außerdem:
frisch geriebener Parmesan

Für das Ragout die Ente innen und außen sorgfältig waschen und trockentupfen. Das Fleisch von den Knochen ablösen, die Haut entfernen – dabei sollen etwa 250 g reines Fleisch verbleiben – und mit einem scharfen Messer in sehr kleine Würfel schneiden oder durch die grobe Scheibe des Fleischwolfs drehen. Die Pancetta und die Zwiebel in feine Würfel schneiden. Den Stangensellerie und die Möhre in ganz feine Streifen (Julienne) schneiden. Das Ragout zubereiten, wie in der Bildfolge gezeigt. Bis zur gewünschten Konsistenz einkochen lassen und zuletzt mit der Petersilie bestreuen. Die Nudeln in sprudelnd kochendem Salzwasser al dente kochen, abgießen und in eine vorgewärmte Schüssel geben. Sofort mit dem Wildentenragout vermischen, nach Geschmack mit Parmesan bestreuen und sogleich servieren.

Pappardelle mit Hasenragout

BREITE BANDNUDELN SIND EIN IDEALER BEGLEITER ZU RAGOUT VON KLEINGEWÜRFELTEM FLEISCH.

Dieses herzhafte Schmorgericht wird in der Toskana und in der Emilia-Romagna zubereitet und schmeckt mit einem luftgetrockneten Schinken, einem Prosciutto der Region, erst richtig original.

400 g Pappardelle
Für das Ragout:
2 Hasenkeulen (750 g = 600 g ausgelöstes Fleisch)
60 g luftgetrockneter Schinken
120 g Zwiebeln
3 EL kaltgepreßtes Olivenöl
150 g Stangensellerie, in Scheibchen geschnitten
120 g feingewürfelte Möhren
1 EL Tomatenmark
1 EL Mehl
1 Messerspitze frisch geriebene Muskatnuß
1 Gewürznelke
Salz
frisch gemahlener Pfeffer
200 ml Wildfond
300 ml Chianti
Außerdem:
1 TL frische Thymianblättchen zum Bestreuen

Schlaraffenland auf italienisch – so könnte man das Angebot in einem Feinkostladen, wie bei Tamburini in Bologna, der kulinarischen Hochburg Italiens, nennen. Aber den richtigen Schinken, das Öl, den Chianti classico und selbst die besonders breiten Bandnudeln gibt es auch bei uns.

1. Für das Ragout die Hasenkeulen auslösen. Das Fleisch in kleine Würfel schneiden.

2. Den Schinken fein würfeln. Die Zwiebeln hacken. Das Öl in einem entsprechend großen Topf bei niedriger Temperatur erhitzen. Die Schinken- und Zwiebelwürfel darin glasig anschwitzen. Die Selleriescheibchen, die Möhrenwürfel und das Fleisch zugeben. Unter Rühren bei mittlerer Temperatur anbraten, bis das Fleisch Farbe genommen hat. Das Tomatenmark zugeben und kurz mit anbraten. Das Mehl darüberstauben und würzen.

3. Den Wildfond und 100 ml Rotwein aufgießen und dabei den Bratsatz mit einem Bratenwender vom Topfboden lösen. Die Hitze reduzieren, den Deckel auflegen und alles etwa 1 1/2 Stunden köcheln lassen. Dabei den restlichen Rotwein nach und nach zugießen. Sollte noch Flüssigkeit fehlen, kann etwas Fond zugegeben werden.

4. Die Pappardelle in sprudelnd kochendem Salzwasser al dente kochen, abseihen und anrichten. Das Ragout über die Nudeln geben und kurz durchheben. Mit Thymianblättchen bestreuen.

Möglichst viel Füllung auf ein Minimum an Teigfläche zu bringen, das ist eines der Geheimnisse der Tortellini, wie sie in Bologna bei »Bertino« zubereitet werden. Das Restaurant ist bekannt für diese kleinen Teigtäschchen.

Tortellini mit Tomatensauce

EIN KLASSIKER DER ITALIENISCHEN PASTAKÜCHE, MIT FRISCHEN TOMATEN ZUBEREITET.

Die Tortellini schmecken zwar nur mit Butter und Parmigiano oder in »brodo«, also in Fleischbrühe, auch sehr gut, doch mit solch einer frischen Tomatensauce sind sie nicht zu übertreffen. Basis für die Füllung der Tortellini sind meistens Kalb- und Schweinefleisch sowie Hühner- oder Truthahnfleisch. Die Mortadella gehört auch zur echten Bologneser Füllung, denn sie bringt nicht nur den Geschmack, sondern auch Fett und Bindung mit. Das Hirn vom Kalb oder Lamm macht den Fleischteig besonders geschmeidig.

1 Rezept frischer Nudelteig Nr. 2 (siehe Seite 8)
Für die Füllung:
150 g Kalbfleisch
150 g Hühnerfleisch (Brust)
50 g Butter, 60 g Kalbshirn, 125 g Mortadella
60 g Parmaschinken, 3 Eigelbe

Frische Tomaten, Öl und viel Basilikum – unter den Sugo-Rezepten sind, wie so oft, die einfachsten die besten. Welche Tomatensorte dafür verwendet wird, ist gar nicht so entscheidend, nur wirklich vollreif müssen sie sein, damit sie möglichst viel Aroma mitbringen.

100 g frisch geriebener Parmesan
Salz, frisch gemahlener Pfeffer
frisch geriebene Muskatnuß
Für die Sauce:
600 g vollreife Tomaten, 4 EL Olivenöl
1/2 TL Salz, frisch gemahlener Pfeffer
10 bis 15 Basilikumblätter
Außerdem:
frisch geriebener Parmesan zum Bestreuen

Für die Füllung vor dem Auswiegen das Fleisch parieren, das heißt, alle Sehnen und Hautreste entfernen. Das Fleisch in Würfel schneiden. Die Butter in einer Pfanne erhitzen und das Kalb- und

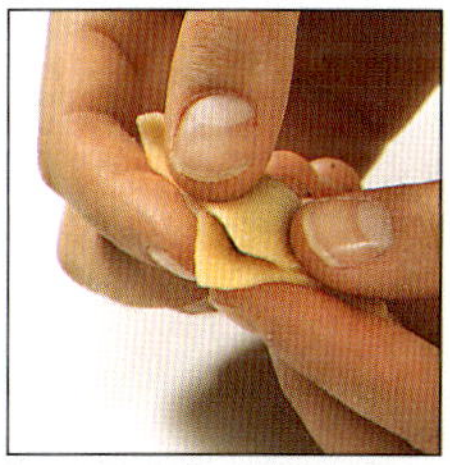

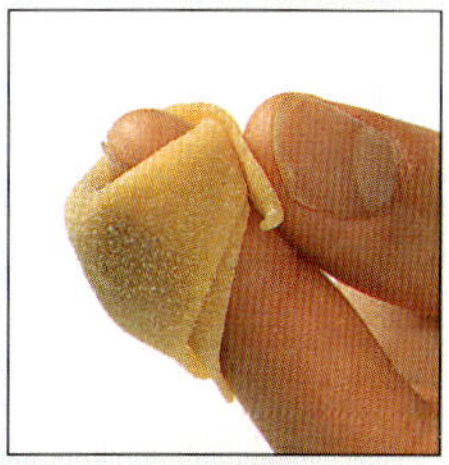

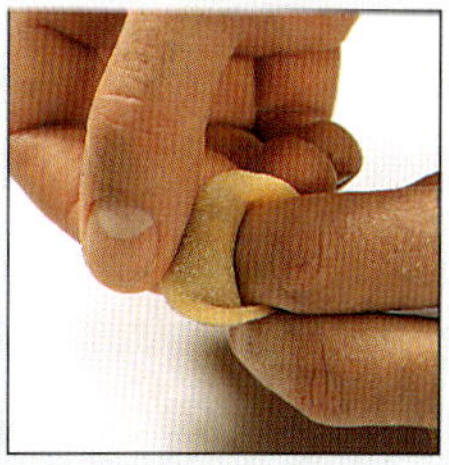

Die belegten Teigquadrate zu Dreiecken zusammenfalten, die Ränder zudrücken. Mit der Spitze nach unten um den Finger schlingen, die Enden zusammendrücken. Die Teigspitzen umklappen, dabei vom Finger ziehen.

Hühnerfleisch bei geringer Hitze von allen Seiten nur hell anbraten und etwa 10 Minuten garziehen lassen. Aus der Pfanne nehmen und das Hirn und die Mortadella kurz anbraten. Das gesamte Fleisch zusammen mit dem Schinken durch die feine Scheibe des Fleischwolfs treiben. Die Eigelbe und den Parmesan zugeben und zu einem Fleischteig verarbeiten. Mit Salz, Pfeffer und Muskatnuß würzen und zugedeckt im Kühlschrank 2 bis 3 Stunden durchziehen lassen. In der Zwischenzeit die Sauce zubereiten. Dafür die Tomaten blanchieren, häuten, halbieren, Stielansatz und Samen entfernen und das Fruchtfleisch in Würfel schneiden. Das Öl in einer Kasserolle erhitzen und die Tomatenwürfel darin bei starker Hitze anschwitzen. Mit Salz und Peffer würzen, die Basilikumblätter zerpflücken und zugeben. Die Hitze reduzieren und alles so lange köcheln lassen, bis die Tomatenwürfel fast zerfallen sind. Den Nudelteig möglichst dünn ausrollen und in Quadrate von 4 cm Kantenlänge schneiden. Die Füllung in haselnußgroßen Häufchen in die Mitte der Teigquadrate setzen und die Tortellini formen, wie in der Bildfolge gezeigt. Die Pasta auf ein gut bemehltes Brett legen und etwas antrocknen lassen. In sprudelnd kochendem Salzwasser etwa 8 bis 10 Minuten garen. Mit der Tomatensauce anrichten und mit Parmesan bestreuen.

Einen Wildfond selbst klären, bedarf einiger Mühe. Wenn es einfacher gehen soll, kann man auf geklärten Fond aus dem Glas zurückgreifen, der heutzutage in bester Qualität im Handel ist.

Tortelloni mit Fasanenfüllung in Wildessenz

»PASTA RIPIENA«, DIE GEFÜLLTEN NUDELN, KOSTEN EINIGE MÜHE – ABER SIE SIND EINE WAHRE DELIKATESSE.

Jedenfalls mit dieser Füllung, die besonders pikant ist. Die Form der Nudeln ist dabei zweitrangig. Man könnte daraus auch Tortelli oder Ravioli bereiten, und sie müssen auch nicht in einer Wildessenz serviert werden. Mit flüssiger Butter und geriebenem Parmigiano schmecken sie auch sehr fein.

1 Rezept frischer Nudelteig Nr. 2 (siehe Seite 8)
1/2 Fasan, längs geteilt
Für den Fasanenfond:
2 EL Olivenöl, 50 g Lauch, 50 g Möhre
1/2 Zwiebel, 1 Lorbeerblatt, 1/2 l Wasser
Für die Füllung:
30 g getrocknete Morcheln, 4 cl weißer Portwein
30 g Schalotten, gehackt
1 zerdrückte Knoblauchzehe
50 g Stangensellerie in Würfeln, 30 g Butter
1/2 TL Salz, frisch gemahlener Pfeffer
2 TL gehackte Kräuter (Thymian und Salbei)
Für die Wildessenz:
800 ml Wildfond
60 g Lauch, 60 g Möhren, etwas Selleriegrün
Außerdem:
1 Eiweiß zum Bestreichen

1. Den Nudelteig zubereiten, wie auf Seite 9 beschrieben. In Folie wickeln und mindestens 1 Stunde im Kühlschrank ruhen lassen.

2. Den Fasan entbeinen. Das schiere Fleisch in Würfel schneiden und beiseite stellen.

3. Für den Fond Knochen, Haut und Sehnen des Fasans in einer Kasserolle in dem erhitzten Olivenöl von allen Seiten kurz anbraten. Den Lauch putzen, die Möhre schälen, beides in Stücke schneiden. Die Zwiebel schälen und vierteln, alles zusammen mit dem Lorbeerblatt zu den Knochen in die Kasserolle geben und 2 bis 3 Minuten bei starker Hitze mitanbraten. Das Wasser aufgießen. Bei schwacher Hitze im offenen Topf etwa 1 Stunde kochen. Abseihen, auf etwa 1/8 l Flüssigkeit reduzieren und erkalten lassen.

4. Für die Füllung die getrockneten Morcheln in dem Portwein und dem inzwischen erkalteten Fasanenfond einweichen. Die Hälfte des Fasanenfleisches in der Küchenmaschine oder mit dem Blitzhacker fein pürieren, das restliche Fleisch ganz fein hacken. Schalottenwürfel, Knoblauch und Selleriewürfel in der heißen Butter hell anschwitzen und das gehackte Fasanenfleisch darin ganz kurz, aber kräftig anbraten. Sofort wieder vom Herd nehmen und mit dem pürierten Fasanenfleisch, Salz, Pfeffer und den gehackten Kräutern vermischen. Die Morcheln aus der Flüssigkeit nehmen, in Würfel schneiden und zu der Fleischfarce geben. Zum Schluß die Einweichflüssigkeit der Morcheln untermischen und einen glatten Fleischteig arbeiten.

5. Den Nudelteig dünn ausrollen und mit einem gezackten Ausstecher Kreise von etwa 5 cm Durchmesser ausstechen. Jeweils ein Häufchen Füllung darauf verteilen, die Ränder mit Eiweiß bestreichen, zusammenklappen und die Teigränder fest andrücken. Die Tortelloni in sprudelnd kochendem Salzwasser in etwa 6 bis 8 Minuten gar kochen, abseihen und in Suppenteller geben.

6. In der Zwischenzeit für die Wildessenz den Wildfond um etwa die Hälfte (etwa 400 ml) reduzieren. Den Lauch, die Möhren und den Sellerie in dünne Streifen schneiden, kurz vor dem Anrichten zum Wildfond geben und diesen über die Tortelloni verteilen.

VERNACC
DI SAN GI
VIGNA SANTA

Zu einer zauberhaften Blüte entfaltet sich die Kapernknospe, wenn sie nicht vorher gepflückt wurde. Die filigrane Pracht dauert leider nur einen Tag.

Bucatini mit Kapernsauce

IM SÜDEN ITALIENS UND AUF DEN INSELN LIEBT MAN DIE MISCHUNG AUS KAPERN, SARDELLEN UND NUDELN.

Das ist eine Geschmackskombination, die schon wegen des strengen Aromas der gesalzenen Sardellen nicht jedermanns Sache ist. Aber diese »südliche Mischung« hat sicher ebensoviele Liebhaber, zumindest, wenn die Zutaten stimmen. Das sind Makkaroni oder andere Röhrennudeln wie Bucatini oder die dickeren Zite oder Zitoni und gesalzene Sardellen. In Öl eingelegte aus der Konserve sind nur ein unzureichender Ersatz. Nicht austauschbar aber sind die gesalzenen Kapern, denn die in einer Essiglösung konservierten Kapern, wie man sie bei uns kaufen kann, sind dafür unbrauchbar, weil sie ein völlig anderes Aroma entwickeln als die gesalzenen. Die sind aber inzwischen auch bei uns in Italien-Läden obligatorisch. Also einfach kaufen, wenn sie irgendwo angeboten werden, denn sie halten sich im Kühlschrank (in einem Glas verschlossen) sehr lange und eignen sich auch bestens als würzende Zutat für sommerliche Salate.

Kapern, Oliven und gesalzene Sardellen – das ist ein Stück Urlaubssehnsucht, zumindest für den, der sich mit dem extrem strengen Aroma anfreunden kann. Dem fehlt dann nur noch ein Glas vom roten Regaliali.

Kapernernte auf Salina, einer der felsigen Liparischen Inseln vor der Nordküste Siziliens. Etwa zur Zeit der Sommersonnenwende sind die Knospen des Kapernstrauches soweit, daß sie gepflückt werden können. Eine mühsame Arbeit bei der sommerlichen Hitze in dieser Region.

400 g Bucatini
Für die Kapernsauce:
40 g Kapern, in Salz eingelegt
80 g schwarze Oliven, entsteint
2 Knoblauchzehen
30 g Schalotten
12 gesalzene Sardellenfilets
500 g Tomaten
2 große Peperoncini
6 EL Olivenöl
Außerdem:
60 g gehobelter Pecorino
schwarze Oliven zum Garnieren

1. Die Kapern und die entsteinten Oliven fein hacken. Die Knoblauchzehen und die Schalotten schälen und ebenfalls fein hacken. Die Sardellenfilets in kleine Stücke schneiden. Die Tomaten blanchieren, häuten, Samen und Stielansatz entfernen und das Fruchtfleisch würfeln. Die Peperoncini von Samen und Scheidewänden befreien und fein hacken.

2. Das Öl in einer entsprechend großen Pfanne erhitzen. Die Kapern, Oliven, Knoblauch- und Schalottenwürfel und Sardellen hineingeben und 2 bis 3 Minuten unter ständigem Rühren anschwitzen. Die Tomaten und die Peperoncini untermischen und alles zusammen weitere 15 Minuten köcheln lassen.

3. In der Zwischenzeit die Bucatini in sprudelnd kochendem Salzwasser al dente kochen, abseihen, gut abtropfen lassen und mit der Sauce vermischen. Auf Teller anrichten, den gehobelten Pecorino auf die Mitte streuen und mit schwarzen Oliven garnieren.

Ob frische Kräuter, Tomaten oder jedes andere Gemüse – Don Alfonso erntet alles frisch auf seinem Bauernhof, auf der malerischen Halbinsel von Sorrent. Dadurch kann er seinen Gästen eine Küche direkt aus dem Garten bieten.

Gnocchetti Don Alfonso

ALFONSO IACCARINO SERVIERT IN SEINEM RESTAURANT DIE BESTEN GNOCCHETTI DI PATATE WEIT UND BREIT – UND SIE SIND BESONDERS ZIERLICH.

Das Rezept seiner Gnocchi unterscheidet sich eigentlich überhaupt nicht von anderen Kartoffelteigen. Don Alfonso macht sie nur besonders klein, aber ohne sie in die übliche »Gnocchiform« zu bringen. Er rollt den Teig in dünne, etwa 5 mm starke Stränge und schneidet diese dann in etwa 1 cm lange Stücke. Ein Geheimnis gibt es also nicht, zumindest beim Teig nicht – aber vielleicht bei dem Tomatensugo, denn den macht er nur aus vollreifen Früchten eigener Ernte, von denen er im Herbst so viel einkocht, daß er das ganze Jahr über einen ausreichenden Vorrat hat. Und sein Olivenöl aus eigener Produktion – es ist einfach von einem ganz besonderen Aroma! – rundet den Geschmack des Sugo entsprechend ab. So kann aus einem sehr einfachen Pastagericht eine kleine Delikatesse werden. Mit weiteren Zutaten lassen sich diese Gnocchi noch variieren und aufwerten, etwa mit frisch gekochten Scampi oder Muscheln, die es bei Don Alfonso am Golf von Neapel ausreichend und in guter Qualität gibt.

Für den Kartoffelteig:
600 bis 700 g mehlig kochende Kartoffeln
250 g Mehl
100 g Grieß
Salz, 1 Eigelb

Das Mehl auf eine Arbeitsfläche häufen, in die Mitte eine Mulde drücken, Grieß, Salz und Eigelb hineingeben. Die heißen Kartoffeln kranzförmig auf den Mehlrand drücken und alles zu einem glatten Teig verkneten. Kurz ruhen lassen. Zu dünnen Strängen von etwa 5 mm Dicke rollen und mit Mehl bestauben. 1 cm lange Stücke abschneiden.

Für den Tomatensugo:
700 g Tomaten, 100 ml Olivenöl
50 g gehackte Schalotten
1 zerdrückte Knoblauchzehe
1 Rosmarinzweig, 1 EL gehacktes Basilikum
1 TL Salz, frisch gemahlener Pfeffer

Die Kartoffeln waschen und backen, wie auf Seite 130 gezeigt. Dafür die Kartoffeln in Alufolie wickeln und bei 200 °C im vorgeheizten Ofen 1 Stunde backen. Herausnehmen und pellen. Den Kartoffelteig zubereiten und die Gnocchetti formen, wie in der Bildfolge links beschrieben. Die Gnocchetti in sprudelnd kochendes Salzwasser einlegen und garziehen lassen. Sobald sie an die Oberfläche steigen, mit einem Schaumlöffel vorsichtig herausheben und warm stellen. In der Zwischenzeit die Tomaten kurz blanchieren, häuten, vierteln, Samen und Stielansatz entfernen und das Fruchtfleisch in kleine Würfel schneiden. Das Öl in einer Kasserolle erhitzen, die Schalottenwürfel und die Knoblauchzehe darin hell anschwitzen. Die Tomatenwürfel, Rosmarin und Basilikum kurz mitschwitzen. Mit Salz und Pfeffer würzen. Die Gnocchetti auf Teller anrichten und die Tomatensauce darübergießen.

Rigatoni mit Brokkoli

PASTA MIT BROKKOLI UND TOMATEN LIEBT MAN IM SÜDEN ITALIENS.

Vor allem in Apulien wird diese Kombination von Gemüse und Pasta häufig zubereitet. Dort nimmt man dafür meist die selbstgemachten Orecchiette, die übrigens auch bei diesem Rezept gegen die Rigatoni ausgetauscht werden können. Es gibt sie auch getrocknet zu kaufen, denn das Selbstmachen ist nicht nur mühsam, es gehört auch viel Fingerfertigkeit dazu. Die Pinienkerne lassen sich bei diesem Rezept auch durch gestiftelte Mandeln ersetzen. Der Käse allerdings muß unbedingt ein Pecorino, oder zumindest ein anderer Schafkäse sein, denn das besondere Aroma der Milch vom Schaf gibt dem Käse den Geschmack, der sich so gut mit dem Brokkoli-Tomaten-Gemüse verträgt.

300 g Rigatoni
Für die Sauce:
80 g Zwiebeln, 2 Knoblauchzehen
3 gesalzene Sardellen
400 g reife Tomaten, 2 EL Olivenöl
Salz, frisch gemahlener Pfeffer
1 EL gehackte Basilikumblätter
500 g Brokkoliröschen
Außerdem:
30 g Pinienkerne
40 g frisch geriebener Pecorino

1. Für die Sauce die Zwiebeln und den Knoblauch schälen und fein hacken. Die Sardellen in Stücke schneiden. Die Tomaten blanchieren, häuten, halbieren, Samen und Stielansatz entfernen, und das Fruchtfleisch in Würfel schneiden.

2. In einem Topf das Öl erhitzen und die Zwiebel- und Knoblauchwürfel darin hell anschwitzen. Die Sardellenstücke mitanschwitzen, bis sie zu schmelzen beginnen. Die Tomatenwürfel unterrühren, salzen und pfeffern und 15 Minuten zugedeckt bei geringer Hitze köcheln lassen. Das Basilikum einstreuen.

3. Die Brokkoliröschen in sprudelnd kochendem Salzwasser 5 bis 8 Minuten kochen. Herausnehmen, abtropfen lassen und unter die Sauce heben.

4. Die Nudeln in sprudelnd kochendem Salzwasser kochen, abseihen und gut abtropfen lassen.

5. Die Pinienkerne in einer beschichteten Pfanne ohne Fett goldbraun rösten. Die Rigatoni unter die Tomaten-Brokkoli-Sauce mischen und auf Teller anrichten. Mit den Pinienkernen und dem Pecorino bestreuen und servieren.

In Norditalien, vor allem in der Gegend von Verona, versteht man sich besonders gut auf die Zubereitung der Gnocchi. Ganz wichtig ist dabei, daß der Teig nur ganz kurz (10 bis 15 Minuten) ruhen darf und dann zügig zu den Gnocchi verarbeitet wird.

Gnocchi mit Wildragout

»GNOCCHI DI PATATE«, DIESE KLEINEN KLÖSSCHEN AUS KARTOFFELTEIG, HARMONIEREN MIT FLEISCHRAGOUT.

Fleisch vom Wild ist für ein solches Ragout besonders gut geeignet. Es kann vom Wildschwein sein oder wie das folgende Rezept vom Reh. Hirsch oder Gemse kann man dafür übrigens auch nehmen, aber auch Wildgeflügel wie Rebhuhn, Fasan oder Wildente taugen dafür.

Für das Ragout:
600 g Rehfleisch aus der Keule ohne Knochen
5 bis 6 EL Öl, 2 EL Tomatenmark, 3/8 l Rotwein
1 Knoblauchzehe, 350 g Tomaten
100 g Silberzwiebeln
je 60 g Lauch-, Möhren- und Stangenselleriewürfel
1 Stück unbehandelte Orangenschale
1 bis 2 Thymianzweige, 3 bis 4 Salbeiblätter
400 ml Wildfond, Salz, frisch gemahlener Pfeffer
Für etwa 96 Gnocchi:
600 g mehlig kochende Kartoffeln
100 g Mehl, 1 Eigelb, Salz
Außerdem:
1 EL gehackte Petersilie

So frisch wie möglich, also direkt vom Herd, sollen die Gnocchi serviert werden. Sie müssen nur gut ablaufen und können dann sofort mit dem Ragout gemischt werden. Ob mit oder ohne Käse, das sollte jeder nach eigenem Gusto entscheiden.

Salbei und Thymian, möglichst frisch aus dem Garten, geben dem Ragout den richtigen geschmacklichen Schliff. Im Gegensatz zu den übrigen Gewürzen sollten die frisch gehackten Kräuter aber erst kurz vor Ende der Garzeit in das Ragout gegeben werden.

1. Das Fleisch in 1,5 bis 2 cm große Würfel schneiden. Das Öl in einem Topf erhitzen, die Fleischwürfel darin scharf anbraten. Das Tomatenmark einrühren, den Wein aufgießen. Zugedeckt 25 bis 30 Minuten schmoren lassen.

2. Den Knoblauch schälen und fein hacken. Die Tomaten blanchieren, häuten, Samen entfernen und klein würfeln. Die Zwiebeln schälen. Alles Gemüse, Orangenschale und Kräuter zum Fleisch geben und nach und nach den Fond angießen. Salzen und pfeffern. Zugedeckt weitere 30 Minuten garen, zuweilen umrühren.

3. Den Kartoffelteig zubereiten, wie auf Seite 130 gezeigt. Dafür die Kartoffeln in Alufolie wickeln. Bei 200 °C im vorgeheizten Ofen 1 Stunde backen, pellen. Das Mehl auf eine Arbeitsfläche häufen, in die Mitte eine Mulde drücken. Eigelb und Salz hineingeben. Die heißen Kartoffeln kranzförmig durch die Kartoffelpresse auf den Mehlrand drücken, schnell einen glatten Teig kneten, 10 bis 15 Minuten ruhen lassen. Zu 2 Strängen von 2 cm Durchmesser rollen, mit Mehl bestauben. Stücke von etwa 1 cm Länge abschneiden, diese über eine Raspel abrollen, um das Gittermuster einzudrücken. Portionsweise in sprudelnd kochendes Salzwasser einlegen, die Hitze reduzieren und die Gnocchi garziehen lassen. Sobald sie an die Oberfläche steigen, herausnehmen, gut abtropfen lassen und warm stellen. Mit dem Ragout auf Teller anrichten. Mit Petersilie bestreuen.

Frische Steinpilze in guter Qualität sind nicht nur selten zu haben, sie sind geschmacklich auch den meisten übrigen Pilzen überlegen. Die Saison ist allerdings kurz, und deshalb sollte man die Gunst der Stunde nutzen, wenn sie auf dem Markt auftauchen – oder man findet sie im Wald. In Scheiben geschnitten und getrocknet, lassen sie sich über lange Zeit lagern, und man hat eine absolute Qualitätsgarantie.

Steinpilznudeln

MIT EINER SAUCE AUS FRISCHEN TOMATEN WERDEN SIE ZUR DELIKATESSE.

Die geschmacksintensiven Steinpilze sind ein idealer Aromageber für Nudeln. Um den Geschmack noch mehr hervorzuheben, gibt es einen einfachen Trick, der leider viel zu selten angewendet wird: In dem Kochwasser für die Nudeln zuvor eine Handvoll getrocknete Steinpilze auskochen. Die dann darin gekochten frischen Steinpilznudeln bekommen dadurch noch mehr Aroma.

Herbstzeit – Saison für Pilze und die besten Tomaten. Man braucht für die Nudeln zwar nur getrocknete Pilze, aber zusätzlich frische Steinpilze unter die Nudeln gemischt, macht das Pastagericht geschmacklich noch interessanter.

Für den Nudelteig:
250 g Mehl, 2 Eier, 1 Eigelb, 1/2 TL Salz, 2 EL Öl
10 g getrocknete Steinpilze, im Mörser zerstoßen
1 EL feingehackte Petersilie, Wasser nach Bedarf
Für die Tomatensauce:
600 g reife Tomaten, 80 g Schalotten
8 mittelgroße Salbeiblätter, 125 g Butter, 1/2 TL Salz
Außerdem:
100 g frisch gehobelter Parmesan

1. Für den Teig das Mehl auf eine Arbeitsfläche häufen und in die Mitte eine Mulde drücken. Die Eier, das Eigelb, Salz, Öl, die Steinpilze und die Petersilie in die Mulde geben. Zunächst mit einer Gabel die Zutaten in der Mulde verrühren und dabei immer mehr Mehl vom Rand miteinrühren. Dann mit den Händen das Mehl von außen nach

innen einarbeiten und zu einem glatten Teig kneten, bei Bedarf etwas Wasser unterarbeiten. In Folie wickeln und 1 Stunde kühl ruhen lassen.

2. Für die Sauce die Tomaten blanchieren, häuten, halbieren, Stielansatz und Samen entfernen, grob würfeln. Die Schalotten schälen und fein hacken. Die Salbeiblätter in Streifen schneiden.

3. Die Butter in einem Topf zerlassen und die Zwiebelwürfel darin glasig anschwitzen. Die Tomatenwürfel 10 Minuten mitdünsten. Die Salbeistreifen unterrühren und salzen.

4. Den Teig auf einer bemehlten Arbeitsfläche ausrollen, in Streifen schneiden und diese in einer Nudelmaschine in mehreren Durchgängen ausrollen, dabei die Walzen immer enger stellen, bis der Teig entsprechend dünn ist. Mit dem Lasagnette-Vorsatz in 1 cm breite Streifen schneiden. Auf ein leicht bemehltes Tuch legen und etwas antrocknen lassen.

5. Die Nudeln in sprudelnd kochendem Salzwasser al dente kochen und abseihen. Unter die Sauce mischen, auf Teller anrichten und mit frisch gehobeltem Parmesan bestreuen.

Bigo'li mit Wachteln

DIE VENEZIANISCHEN VOLLKORNSPAGHETTI HABEN EINE LANGE TRADITION.

Diese Bigo'li sind keine Errungenschaft moderner Naturkost. Immer schon aus Weizenvollkornmehl hergestellt, waren sie das traditionelle Essen an Fastentagen wie Aschermittwoch und Karfreitag. Darüber gab's eine schlichte Sauce aus gesalzenen Sardinen, Zwiebeln und Olivenöl – eine einfache, aber schmackhafte Fastenspeise. Mit den geschmorten Wachteln werden die kräftig schmeckenden Spaghetti zur Delikatesse.

Für den Teig:
300 g Weizenvollkornmehl, 3 Eier, 1/2 TL Salz
Für die geschmorten Wachteln:
4 küchenfertige Wachteln (je 170 g)
Salz, frisch gemahlener Pfeffer, 2 EL Öl
je 60 g Schalotten- und Stangenselleriewürfel
je 30 g Petersilienwurzel- und Möhrenwürfel
50 g gewürfelter durchwachsener Räucherspeck
2 Knoblauchzehen, 1 TL Mehl
1/4 l Geflügelfond, 2 EL gehackte Petersilie

In Venedig hat man für die Zubereitung der Bigo'li eine besonders stabile Presse mit einer durchlöcherten Kupferscheibe, durch die der Teig gedrückt wird. Das ergibt diese relativ dicken Spaghetti. Bei einer Maschine mit kantigen Schneidewalzen, wie im Bild, sehen sie dann aus wie Spaghetti alla chitarra, was natürlich dem guten Geschmack keinen Abbruch tut.

1. Das Mehl sieben und in die Mitte eine Mulde drücken. Eier und Salz hineingeben und langsam unterarbeiten; bei Bedarf etwas Wasser zufügen, bis ein fester Teig entsteht. Kräftig kneten und schlagen, bis er glatt und elastisch ist. Zu einer Kugel formen, mit Mehl bestauben, einwickeln und 20 Minuten ruhen lassen. Dünn ausrollen und in 2 bis 3 mm breite Nudeln schneiden. Auf einem Tuch ausbreiten und nochmals ruhen lassen. In sprudelndem Salzwasser al dente kochen.

2. Die Wachteln waschen, abtrocknen und längs teilen. Die Keulen und Flügel auslösen. Alles leicht salzen, pfeffern und beiseite stellen. Das Öl in einer Pfanne erhitzen und die Schalottenwürfel darin hell anschwitzen. Das Gemüse zufügen, 2 bis 3 Minuten kräftig mitschwitzen, herausnehmen und warm stellen. Den Speck in der Pfanne erhitzen, die Wachteln zugeben und bei starker Hitze anbraten. Die Knoblauchzehen mit der Schale einmal andrücken und zugeben. Mit Mehl bestauben, 3 bis 4 Minuten braten und mit dem Fond aufgießen. Bei offenem Topf schmoren lassen, bis das Fleisch gar und die Flüssigkeit auf mehr als die Hälfte reduziert ist. Die Petersilie zugeben. Nochmals abschmecken.

3. Die Vollkornspaghetti mit den geschmorten Wachteln servieren. Dazu paßt ein guter Rotwein, etwa ein Merlot oder ein Cabernet.

Gratinierte Spinatmakkaroni

SPINAT, NUDELN, TOMATEN, KRÄUTER UND KÄSE – DARAUS LASSEN SICH ITALIENISCHE PASTATRÄUME ZAUBERN.

Für ein solches Gratin sind die Makkaroni mit geringem Durchmesser empfehlenswert, wie Bucatini oder Perciatelli, aber auch die etwas stärkeren, ganz normalen Makkaroni taugen dafür.

350 g Makkaroni
Für die Spinatmischung:
400 g Frühlingsspinat
300 g Tomaten
80 g Zwiebeln
2 Knoblauchzehen
3 EL Olivenöl
Salz, frisch gemahlener Pfeffer
100 g pikanter Schnittkäse, gewürfelt
Außerdem:
Butter für die Form
1/2 TL frisch gehackte Rosmarinnadeln
1/2 EL frisch gehackter Thymian
40 g Butterflöckchen

1. Den Spinat verlesen, die harten Stiele entfernen, gründlich waschen und in einem Sieb abtropfen lassen.

2. Die Tomaten kurz blanchieren, häuten, vierteln, Samen und Stielansatz entfernen und das Fruchtfleisch in Würfel schneiden. Die Zwiebeln und den Knoblauch schälen und fein hacken.

3. Die Makkaroni in sprudelnd kochendem Salzwasser al dente kochen. Abseihen.

4. Inzwischen das Olivenöl in einer entsprechend großen Pfanne zerlassen, die Zwiebel- und die Knoblauchwürfel zugeben und hell anschwitzen. Den abgetropften Spinat mit in die Pfanne geben und gerade eben zusammenfallen lassen. Mit Salz und Pfeffer würzen. Die Tomatenwürfel zufügen und kurz mitanschwitzen. Die Nudeln und die Käsewürfel dazugeben und alles vorsichtig miteinander vermischen.

5. Eine Auflaufform gut ausbuttern und die Nudelmischung einfüllen. Mit dem gehackten Rosmarin und Thymian bestreuen. Butterflöckchen auf die Nudeln verteilen. Bei 200 °C im vorgeheizten Ofen etwa 20 Minuten überbacken.

Der Käse soll viel Aroma mitbringen. Das kann ein gut gereifter Corsica, Bambolo oder auch der pikante Taleggio sein. Oder eine Tomme de Savoie, die geschmolzen besonders fein ist, wenn sie auch französischen Ursprungs ist.

Schafzucht ist im Süden Italiens, Siziliens und Sardiniens heute noch ein wichtiger Wirtschaftszweig, und die Pecorini dieser Region gehören zu den feinsten Käsesorten Italiens.

Orecchiette mit Rauke, Oliven und Pecorino

IN APULIEN UND DEN ABRUZZEN WERDEN DIESE NUDELN SELBST GEMACHT – AUS MEHL UND WASSER.

Rauke, Ölrauke oder Rucola, wie sie in Italien genannt wird, ist ein einjähriges Kraut mit nach Rettich oder Radieschen schmeckenden Blättern, das seit alters her als Würzkraut geschätzt wird. Seine Samen werden in Indien zur Ölgewinnung genutzt. Statt Rauke kann in diesem Rezept auch frischer junger Löwenzahn verwendet werden.

350 g Orecchiette
Für die Sauce:
500 g reife Tomaten
80 g Zwiebeln

Vom Stück sollte der Pecorino über die Nudeln gerieben werden. So bringt er genügend Aroma mit. Die Orecchiette sehen aus wie kleine Schüsselchen aus Teig, und will man sie selbst machen, gehört dazu schon einiges Training. Die kleinen Teigstücke werden mit einem Messer flach gedrückt und über dem Daumen geformt.

»Pecorino canestrato« wird in traditioneller Handarbeit in Körben (»canestra« = Korb) aus Schilfgeflecht hergestellt, in die die gestockte Milch zum Abtropfen eingefüllt wird. Die Käselaibe haben ein Gewicht zwischen 4 und 10 kg und nach mindestens 8 Monaten Reifezeit die richtige Festigkeit zum Reiben.

4 EL Olivenöl, 1/2 TL Salz, frisch gemahlener Pfeffer
80 g schwarze Oliven
Für die Rauke-Schinken-Mischung:
100 g Rauke, 150 g luftgetrockneter Schinken
3 Knoblauchzehen, 2 EL Olivenöl
Außerdem:
120 g frisch geriebener alter Pecorino

1. Die Tomaten blanchieren, häuten, Stielansatz und Samen entfernen, das Fruchtfleisch fein würfeln. Die Zwiebeln schälen und fein würfeln. Das Öl in einer Kasserolle erhitzen und die Zwiebeln darin hell anschwitzen. Die Tomaten zugeben, salzen und pfeffern. Bei Mittelhitze sanft köcheln lassen, bis die Tomaten fast zerfallen sind. Die Oliven untermischen und zur Seite stellen.

2. Die Nudeln in sprudelnd kochendem Salzwasser in 12 bis 15 Minuten kochen; sie brauchen vergleichsweise lange Zeit, bis sie weich sind.

3. Die Rauke verlesen, waschen und abtropfen lassen. In sprudelndem Salzwasser 1 bis 2 Minuten kochen, herausnehmen, kalt abschrecken und ablaufen lassen. Den Schinken klein schneiden. Den Knoblauch schälen, in hauchdünne Scheibchen schneiden. Das Öl in einer zweiten Kasserolle erhitzen, den Knoblauch und den Schinken darin unter ständigem Rühren kurz anbraten. Die Rauke zugeben und zur Seite stellen.

4. Die Nudeln zur Rauke-Schinken-Mischung geben. Mit der Sauce anrichten, mit Käse bestreuen.

Italienische Feinkostgeschäfte mit entsprechender Auswahl bieten meist auch alles, was zu einer guten Pasta gebraucht wird. Dazu gehören ebenso frische Nudeln, wie etwa Ravioli, wenn man die große Mühe des Selbermachens scheut.

Ravioli mit Kalbfleischfüllung und Spargel

EIN ECHTES SONNTAGSESSEN IN DER FRÜHLINGSZEIT KÖNNTE DIESE KOMBINATION SEIN.

Ravioli mit einer feinen Kalbfleischfüllung sind in der italienischen Pastaküche keine Seltenheit, die Kombination mit Spargel aber schon eher. Mit wirklich »wildem Spargel« wird das Gericht aber zur Delikatesse. Dieser Spargel ist aber so rar, daß er zumindest bei uns kaum zu haben ist. Ein guter Ersatz ist der dünne, zarte Spargel, der aus Thailand importiert wird.

Für den Nudelteig:
150 g doppelgriffiges Weizenmehl
1 Ei, 2 Eigelbe, 1/4 TL Salz
Für die Kalbfleischfüllung:
250 g Kalbfleisch, 100 g Spargel, 1 Knoblauchzehe
70 g Möhren, 40 g Stangensellerie
40 g Frühlingszwiebeln, 100 g Pfifferlinge, 1 Ei
3 Salbeiblätter, fein gehackt
1 Thymianzweig, fein gehackt
1 EL feingehackte Petersilie
Salz, frisch gemahlener Pfeffer
1 TL edelsüßes Paprikapulver
Für die Sahnesauce:
1/4 l Sahne, 1 Salbeiblatt
einige Basilikumblätter, 1 Thymianzweig
2 rote Chilischoten, ohne Samen, gehackt
1/2 sehr fein gehackte Knoblauchzehe
frisch geriebene Muskatnuß
Salz, frisch gemahlener weißer Pfeffer
4 cl Sherry
100 g frisch geriebener Asiago

Außerdem:
1 Eiweiß zum Bestreichen
300 g Spargel, 30 g frisch gehobelter Parmesan

1. Den Teig zubereiten, wie auf Seite 9 gezeigt. In Folie wickeln und 1 Stunde kühl stellen.

2. Für die Füllung das Fleisch sehr klein würfeln. Den Spargel schälen, in sprudelndem Salzwasser weich kochen und pürieren. Den Knoblauch schälen, fein hacken. Die Möhren, den Stangensellerie und die Frühlingszwiebeln klein würfeln. Die Pilze putzen und klein hacken. Alles zusammen in einer Schüssel miteinander vermischen, das Ei zur Bindung unterrühren und würzen.

3. Den Nudelteig auf einer bemehlten Arbeitsfläche dünn ausrollen. Mit einer gezackten ovalen Form von 6 cm Länge Teigplatten ausstechen. Je 1 TL Füllung an eine schmale Seite setzen, die Ränder mit Eiweiß bestreichen und die Ravioli zusammenklappen, dabei die Ränder gut andrücken. Auf einer bemehlten Arbeitsfläche leicht antrocknen lassen.

4. Inzwischen für die Sauce die Sahne in einer Kasserolle auf 1/3 einkochen und die Hitze reduzieren. Die Kräuter fein hacken und mit den Gewürzen zur Sahne geben. Den Sherry unterrühren und den Käse darin schmelzen, die Sauce darf nicht mehr kochen. Abseihen und warm halten.

5. Den Spargel schälen, in 5 cm lange Stücke schneiden und in einem Topf in sprudelnd kochendem Salzwasser 5 bis 8 Minuten kochen. Zeitgleich in einem zweiten Topf die Ravioli in sprudelnd kochendem Salzwasser 8 bis 10 Minuten kochen, bis sie an die Oberfläche steigen. Die Ravioli mit dem Spargel auf Teller anrichten, die Sauce zugießen und mit Parmesan bestreuen.

Tagliatelle alle vongole

EIN PASTA-KLASSIKER, DER SICH KAUM VERBESSERN, ABER VERÄNDERN LÄSST, ZUM BEISPIEL MIT GEMÜSE.

Nudeln mit Muscheln – es müssen keine Bandnudeln sein, auch Spaghetti eignen sich dafür sehr gut. Zum Beispiel versteht man sich in Chioggia oder Venedig besonders gut aufs Muschelkochen, und mit Pasta kann man natürlich dort genausogut umgehen. Aber auch bei uns muß auf das »Vongole-Vergnügen« nicht verzichtet werden, denn die Muscheln werden inzwischen ab und zu angeboten. Also gibt es keinen Grund, kulinarische Urlaubsträume zu verdrängen.

400 g Tagliatelle

Für die Gemüse-Muschel-Mischung:

60 g Möhre, 60 g Bleichsellerie, 2 Schalotten
1 Knoblauchzehe, 1 rote Chilischote
1,2 kg frische Venusmuscheln
1/8 l Olivenöl, 1/4 l trockener Weißwein
1/2 TL Salz, frisch gemahlener Pfeffer
1 EL gehackte Petersilie
1 TL gehacktes Basilikum
1 TL gehackte Zitronenmelisse

Eine sommerliche Variante ist das Gericht, wenn zusätzlich je 60 g rote und grüne Paprikawürfel und 100 g Zucchinischeiben mit den Muscheln zu den Nudeln gegeben werden. Frisches Basilikum sorgt für die geschmackliche Abrundung.

Vongole (Venusmuscheln), mit einer Gemüsebrunoise und einem trockenen Weißwein zubereitet, sind eigentlich schon ein fast komplettes Essen, wenn man sich noch ein Stück Weißbrot und ein Glas spritzigen Weißwein dazudenkt. Mit Nudeln werden sie zum echten Hauptgericht.

1. Die Möhre und den Sellerie putzen und klein würfeln. Die Schalotten schälen und klein würfeln. Die Knoblauchzehe schälen und durch eine Presse drücken. Die Chilischote halbieren, von Samen und Scheidewänden befreien, klein hacken. Die Muscheln unter fließendem kalten Wasser abbürsten. Geöffnete Exemplare verwerfen, da sie verdorben sein könnten.

2. Das Öl in einer Kasserolle erhitzen und darin die Schalottenwürfel und den Knoblauch kurz anschwitzen. Das Gemüse zugeben und etwa 3 Minuten anbraten. Den Weißwein aufgießen.

3. Die Muscheln zum Gemüse geben, salzen und pfeffern, den Deckel aufsetzen und die Muscheln einige Minuten kochen, sie sollen sich geöffnet haben. Noch geschlossene Exemplare herausnehmen und wegwerfen. Die Kräuter einstreuen und alles zusammen in der offenen Kasserolle bei schwacher Hitze etwa 15 Minuten köcheln lassen und dabei leicht reduzieren.

4. Die Nudeln in sprudelnd kochendem Salzwasser al dente kochen und abseihen. In eine vorgewärmte Schüssel geben und mit der Muschelmischung vermengen. Sofort servieren.

Kartoffelnudeln mit Muscheln und Tomaten

EINE UNGEWÖHNLICHE KOMBINATION – ABER AN DER ADRIA EINE BEWÄHRTE DELIKATESSE

Es müssen nicht unbedingt Miesmuscheln sein – an der slowenischen und kroatischen Küste liebt man Muscheln aller Art und mischt sie mit den bodenständigen Kartoffelnudeln, wenngleich die italienischen Nudeln auch dort beliebt sind.

Für den Teig:
400 g mehlige Kartoffeln, 150 g Mehl
3/4 TL Salz, frisch gemahlener Pfeffer
50 g frisch geriebener Parmesan, 2 Eier
Für die Tomatensauce:
400 g reife Tomaten, 50 g Zwiebel, 1 Knoblauchzehe
60 g Möhren, 60 g Stangensellerie, 4 EL Olivenöl
1/2 TL Salz, frisch gemahlener Pfeffer
375 ml Fischfond
Außerdem:
1 kg Miesmuscheln in der Schale
2 EL gehackte gemischte Kräuter

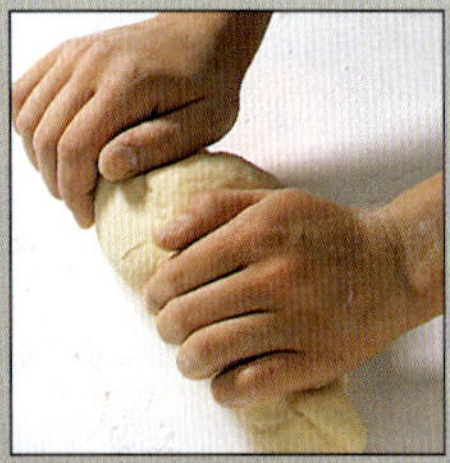

Die Kartoffeln in Alufolie wickeln. Bei 200 °C im vorgeheizten Ofen 1 Stunde backen und pellen. Das Mehl auf die Arbeitsfläche häufen, in die Mitte eine Mulde drücken, Salz, Pfeffer und Parmesan hineingeben. Die heißen Kartoffeln kranzförmig auf den Mehlrand drücken. Die Eier in die Mulde aufschlagen und alles miteinander rasch zu einem glatten Teig kneten. Kurz ruhen lassen.

Den Kartoffelteig zu zwei Strängen von 3 bis 4 cm Durchmesser rollen und mit Mehl bestauben.

Von den Teigrollen mit einem großen Messer Stücke von etwa 1 cm Breite abschneiden.

Die Teigstücke mit der Hand zu Nudeln rollen, die zu beiden Enden spitz zulaufen.

In leicht gesalzenes, kochendes Wasser einlegen, in 6 Minuten garziehen lassen. Herausheben.

Die Kartoffelnudeln zubereiten, wie links gezeigt. Für die Sauce die Tomaten kurz blanchieren, häuten, halbieren, Stielansatz und Samen entfernen, das Fruchtfleisch würfeln. Die Zwiebel und den Knoblauch ganz fein hacken. Die Möhren und den Stangensellerie fein würfeln. Das Öl in einer Kasserolle erhitzen und die Zwiebel- und Knoblauchwürfel darin hell anschwitzen. Die Möhren- und Selleriewürfel zugeben und 2 bis 3 Minuten mitschwitzen. Die Tomatenwürfel zugeben, salzen und pfeffern. Den Fischfond aufgießen und etwa 15 Minuten leicht köcheln lassen. Inzwischen die Muscheln unter fließendem kalten Wasser gründlich abbürsten und Sand- und Kalkreste entfernen. Die Bärte mit den Fingern abziehen. Geöffnete Exemplare verwerfen, da sie verdorben sein können. Die Muscheln in die Tomatensauce geben und bei geschlossenem Topf garen, bis sie sich geöffnet haben. Zur Sicherheit nicht geöffnete Exemplare verwerfen. Die Kartoffelnudeln auf Teller verteilen. Darüber die Sauce mit den Muscheln geben und mit den Kräutern (Schnittlauch, Petersilie und Basilikum) bestreuen.

Auberginen gehören auf dem Balkan zur täglichen Küche. Mit ihrem weißen, milden Fruchtfleisch sind sie sehr anpassungsfähig. Mit kräftigen Gewürzen wie Paprika harmonieren sie immer.

Auberginenauflauf mit Spaghetti

DIE NUDELN MACHEN AUS DER KLASSISCHEN KOMBINATION VON AUBERGINEN UND LAMMFLEISCH EIN HERVORRAGENDES HAUPTGERICHT.

Dieses Rezept ist nicht ganz original bosnisch und dennoch höchst delikat. Die »Musaka plavih patlidžana« wird im Original natürlich ohne Spaghetti zubereitet, aber diese italienischen Nudeln sind nun mal weltweit auf dem Vormarsch, und in Kombination mit dem Auberginenauflauf aus dem Balkan ist ein wirklich interessantes, neues Gericht entstanden, natürlich in der Zubereitungsweise etwas modifiziert. So wurde auf die dicke Béchamelsauce, die in der Regel über solch einen Auflauf kommt, verzichtet und diese durch eine leicht gebundene Brühe ersetzt.

250 g Spaghetti
Für die Auberginen:
400 g Auberginen, 1 TL Salz
Für die Fleischfüllung:
100 g Zwiebeln, 1 Knoblauchzehe
300 g Lammfleisch ohne Knochen
250 g Tomaten, 4 EL Olivenöl
1/2 TL Salz, frisch gemahlener Pfeffer
2 TL edelsüßes Paprikapulver
Für die Sauce:
20 g Butter, 10 g Mehl
1/8 l Fleischbrühe
1/8 l Sahne
100 g geriebener Käse (Balkanski kaskaval)
Außerdem:
30 g Butter für die Form
1 EL gehackte Petersilie zum Bestreuen

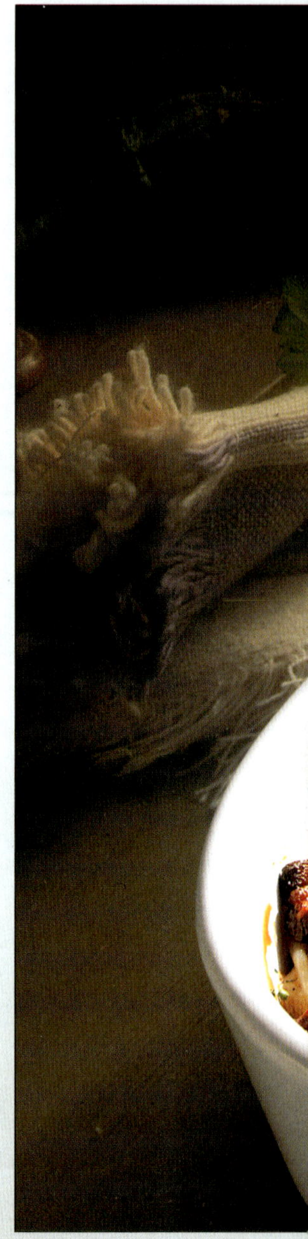

Die Auberginenscheiben mit Küchenpapier abtrocknen und eine Schicht in die ausgebutterte Form legen. Darauf die Hälfte der Spaghetti geben. Die halbe Menge der Fleischfüllung aufstreichen und mit den restlichen Spaghetti bedecken. Die restliche Fleischfüllung darauf verteilen und die verbliebenen Auberginenscheiben auflegen. Die Käsesauce so darübergießen, daß sie sich gleichmäßig in dem Auflauf verteilen kann.

Die Auberginen waschen, abtrocknen und in 1 cm dicke Scheiben schneiden. Die Scheiben in ein Gefäß legen und mit Salz bestreuen, um die Bitterstoffe zu entfernen. Für die Fleischfüllung die Zwiebeln schälen und fein hacken, die Knoblauchzehe schälen und zerdrücken. Das Lammfleisch in ganz kleine Würfel schneiden. Die Tomaten kurz blanchieren, häuten, halbieren, Stielansatz und Samen entfernen und das Fruchtfleisch würfeln. Das Öl in einer Pfanne erhitzen und die Zwiebelwürfel und den Knoblauch darin hell anschwitzen. Das Fleisch zugeben, bei guter Hitze stark und schnell anbraten. Die Tomatenwürfel zugeben. Mit Salz, Pfeffer und dem Paprikapulver würzen und bei reduzierter Hitze etwa 8 bis 10 Minuten dünsten. Die Spaghetti in sprudelnd kochendem Salzwasser al dente kochen und ablaufen lassen, aber nicht kalt abbrausen. Für die Sauce die Butter in einer Kasserolle zerlassen, das Mehl zugeben und hell anschwitzen. Mit der Fleischbrühe unter Rühren ablöschen und etwas einkochen lassen. Die Sahne zugießen und weitere 6 bis 8 Minuten kochen, bis eine glatte, aber nicht zu dicke Sauce entstanden ist. Den Käse unter Rühren in der Sauce schmelzen. Den Auflauf einschichten, wie gezeigt. Bei 200 °C im vorgeheizten Ofen 25 bis 30 Minuten backen. Mit Petersilie bestreuen und servieren.

Die Auberginenscheiben in ein Gefäß schichten, würzen, mit dem Öl übergießen und zugedeckt marinieren lassen.

Pastitsío

DIESER LEGENDÄRE NUDELAUFLAUF IST IMMER WIEDER GUT FÜR EINE GESCHMACKLICHE ÜBERRASCHUNG, ZUM BEISPIEL MIT LAMMFLEISCH.

Oder mit dem Fleisch von einer jungen Ente, dieses harmoniert sowohl mit den Auberginen und den Tomaten als auch mit der Käsesauce. Vor allem, wenn man letztere mit altem Kefalotiri aus Schafsmilch zubereitet.

Für die Auberginenscheiben:
300 bis 400 g Aubergine, 2 Knoblauchzehen
1/2 TL Salz, frisch gemahlener Pfeffer, 1/8 l Pflanzenöl
Für die Makkaroni:
300 g Makkaroni, 1 1/2 l Kalbsfond
Für die Lammfüllung:
600 g Lamm, 1/2 TL Salz
frisch gemahlener Pfeffer, 1 kleine Chilischote
150 g durchwachsener Räucherspeck
60 g Zwiebel, 40 g Möhre, 60 g Lauch
500 g reife Tomaten, 2 EL Pflanzenöl
2 EL gehackte frische Kräuter
Für die Käsesauce:
20 g Butter, 20 g Mehl, 1/4 l Milch
Salz, frisch gemahlener Pfeffer
60 g geriebener Kefalotiri
Außerdem:
Butter für die Form

Die Aubergine in etwa 1/2 cm starke Scheiben schneiden, die Knoblauchzehen zerdrücken. Die Scheiben, wie links gezeigt, mindestens 1 Stunde marinieren. Die Makkaroni in dem sprudelnd kochenden Kalbsfond al dente kochen, abseihen, dabei den Fond auffangen und die Makkaroni zugedeckt beiseite stellen. Den Fond langsam auf etwa 1/8 l reduzieren. Das Fleisch sehr klein würfeln, in eine Schüssel geben, salzen und pfeffern und beiseite stellen. Die Chilischote halbieren, von Samen und Scheidewänden befreien, das Fruchtfleisch ganz fein schneiden und über das Fleisch streuen. Den Speck, die Zwiebel, die Möhre und den Lauch ganz klein würfeln. Die Tomaten blanchieren, kalt abschrecken, häuten, halbieren, die Samen entfernen und das Fruchtfleisch würfeln. In einer Kasserolle das Öl erhitzen, den Räucherspeck, die Zwiebel-, Möhren- und Lauchwürfel zugeben und bei starker Hitze kurz anschwitzen. Das Lammfleisch zugeben und unter ständigem Rühren einige Minuten anbraten. Die Tomatenwürfel einrühren und weitere 5 bis 10 Minuten schmoren. Die reduzierte Kalbsbrühe zugießen, die gehackten Kräuter (Thymian, Petersilie, Liebstöckel) einstreuen und, wenn nötig, salzen und pfeffern. In der offenen Kasserolle weiterschmoren, bis die Flüssigkeit fast verdunstet ist. Für die Sauce die Butter zerlassen und das Mehl ohne Farbe anschwitzen. Mit der Milch glattrühren, würzen und unter Rühren etwa 20 Minuten kochen. Den Käse darin schmelzen. Eine Form von 2,5 l Inhalt mit Butter ausstreichen und, wie gezeigt, füllen. Bei 200 °C im vorgeheizten Ofen 30 bis 40 Minuten garen.

Den Boden einer gebutterten Form mit einer Schicht Makkaroni auslegen und darauf die Hälfte der Lammfleischfüllung gleichmäßig verteilen.

Eine Lage Nudeln auflegen, darauf die Auberginen überlappend einschichten. Die restliche Füllung darauf verteilen.

Die letzte Makkaronischicht darüberlegen, die Käsesauce darübergießen und gleichmäßig mit einem Spatel darüber verstreichen.

Nudelquadrate mit Wachtelragout

»HILOPITES« HEISSEN DIE QUADRATISCH GESCHNITTENEN NUDELN IN GRIECHENLAND.

Diese »Nudelfleckerln«, wie sie ebenso in Ungarn und Österreich zubereitet werden, können auch – getrocknet – auf Vorrat hergestellt werden. Frische Fleckerln schmecken allerdings viel besser, und die Mühe lohnt sich.

Für den Nudelteig:
300 g doppelgriffiges Weizenmehl Type 405
2 Eier, 4 Eigelbe, 1/2 TL Salz
Für das Ragout:
300 g Tomaten
4 küchenfertige Wachteln (je 180 g)
1/2 TL Salz, 2 TL Mehl, 2 TL edelsüßes Paprikapulver
60 g durchwachsener geräucherter Speck
60 g Schalotten, 1 Knoblauchzehe
60 g Stangensellerie, 40 g Möhre
2 EL feines Pflanzenöl, 1 EL Tomatenmark
1/4 l Kalbsfond oder Hühnerbrühe
1/2 TL Zucker, 1/2 TL Salz, frisch gemahlener Pfeffer
Abgeriebenes von 1 unbehandelten Zitrone
1 EL Zitronensaft
Außerdem:
1 EL gehackte Petersilie

Das Ragout läßt sich auch von anderem Geflügel zubereiten. So kann man, ohne das Rezept grundsätzlich zu verändern, auch Fasan, Perlhuhn oder ein ganz einfaches Hähnchen dazu verwenden.

Zitronen gehören in Griechenland zur Alltagsküche. Sie werden nicht nur für Süßspeisen und Gebäcke gebraucht, sondern auch für Suppen, Saucen, Fischgerichte und, wie bei diesem Rezept, auch für Fleisch und Geflügel.

1. Den Teig zubereiten, wie auf Seite 9 gezeigt. In Folie einwickeln, mindestens 1 Stunde kühl ruhen lassen. Auf einer bemehlten Arbeitsfläche sehr dünn ausrollen und in 1,5 bis 2 cm große Quadrate schneiden. Ein Tuch dünn mit Mehl bestauben, die Quadrate darauflegen und antrocknen lassen.

2. Die Tomaten kurz blanchieren, häuten, halbieren, Stielansatz und Samen entfernen, würfeln.

3. Die Wachteln innen und außen waschen, abtrocknen, halbieren, die Keulen und Flügel abtrennen und die Knochen darin belassen. Das Fleisch vom Körper lösen, grob würfeln. Salz, Mehl und Paprikapulver vermischen und alle Teile ringsherum damit bestreuen, leicht festklopfen.

4. Den Speck ganz fein würfeln. Schalotten und Knoblauch schälen und fein hacken. Den Sellerie und die Möhre in ganz kleine Würfel schneiden.

5. Das Öl erhitzen, den Speck darin 1 bis 2 Minuten braten. Das Fleisch zugeben und bei guter Hitze ringsherum knusprig anbraten. Herausnehmen, beiseite stellen. Schalotten und Knoblauch in dem Bratfett hell anschwitzen, Sellerie- und Möhrenwürfel 3 bis 4 Minuten mitdünsten. Tomatenmark unterrühren, Fond aufgießen und mit Zucker, Salz und Pfeffer würzen. Weitere 10 bis 15 Minuten köcheln, bis die Flüssigkeit zu 2/3 reduziert ist. Die Tomatenwürfel zugeben, erhitzen. Zum Schluß das angebratene Wachtelfleisch hineingeben. Weitere 10 Minuten leise köcheln lassen. Mit Zitronenschale und -saft würzen.

6. Inzwischen die Nudelquadrate in sprudelnd kochendem Salzwasser al dente kochen, ablaufen lassen, ganz kurz mit heißem Wasser abbrausen. Mit dem Wachtelragout vermischen, mit Petersilie bestreuen und sofort servieren.

Den Teig vierteln, dünn ausrollen, bestauben und leicht antrocknen lassen. Die Fladen übereinanderlegen, zunächst in 10 cm breite, dann in schmälere Streifen schneiden. Entsprechende Quadrate abschneiden.

Nudeln mit Huhn

DER ITALIENISCHE PASTA-EINFLUSS IN DEN KÜSTENLÄNDERN DES BALKANS IST OFFENSICHTLICH.

So findet man von Istrien bis Griechenland immer wieder Nudelgerichte, die über die Adria gekommen sind. Die Formen der Nudeln haben sich aber teilweise geändert. Die quadratisch geschnittenen Nudeln, die in Österreich als »Fleckerln« bekannt sind, passen dazu besonders gut und werden natürlich meist selbst gemacht. Wer es einfacher haben möchte, bricht breite, trockene Nudeln in entsprechend kleine Stücke.

Für den Nudelteig:
125 g Hartweizengrieß, möglichst fein
125 g Weizenmehl Type 405
2 Eier, 1 Eigelb
1/3 TL Salz
Für das Hähnchen:
1 küchenfertiges Hähnchen (etwa 800 g)
1 TL Salz
frisch gemahlener Pfeffer
2 TL edelsüßes Paprikapulver
4 EL Olivenöl

Die Balkanküche, so auch die Albaniens, ist zwar recht einfach, aber durchaus wohlschmeckend. So werden die Gartenkräuter und vor allem auch die wilden Kräuter sehr großzügig verwendet, aber immer abgestimmt auf das jeweilige Gericht. Zum Beispiel Huhn mit Oregano.

600 g Tomaten
60 g Zwiebel, 2 Knoblauchzehen
2 TL Zitronensaft
1 Messerspitze Zimt
1/2 TL Zucker
Außerdem:
1 EL gehackter Oregano
1 EL gehackte Petersilie
80 g Kefalotiri oder Kasseri, frisch gerieben

1. Aus den beiden Mehlsorten einen Nudelteig zubereiten, wie auf Seite 9 beschrieben, in Folie wickeln und im Kühlschrank 1 Stunde ruhen lassen. Den Teig ausrollen und in kleine Quadrate schneiden, wie in der Bildfolge gezeigt.

2. Das Hähnchen innen und außen waschen und sorgfältig abtrocknen. In 4 Teile zerlegen, salzen, pfeffern und mit Paprikapulver bestreuen. Das Öl in einer entsprechend großen Pfanne erhitzen und die Hähnchenteile darin etwa 10 Minuten von allen Seiten anbraten. Herausnehmen und abkühlen lassen. Das Fleisch von den Knochen lösen und in kleine Würfel schneiden.

3. Die Tomaten kurz blanchieren, kalt abschrekken, häuten, halbieren, Stielansatz und Samen entfernen, das Fruchtfleisch würfeln. Die Zwiebel und die Knoblauchzehen fein hacken und in dem Öl der Hähnchenpfanne anschwitzen. Die Tomatenwürfel zufügen und bei starker Hitze etwa 5 Minuten dünsten. Den Zitronensaft zugeben, mit Zimt und Zucker abschmecken. Das Hähnchenfleisch untermischen.

4. Die Nudelquadrate in sprudelnd kochendem Salzwasser al dente kochen, abseihen und gut abtropfen lassen. Unter die Hähnchen-Tomaten-Mischung heben. Alles zusammen 2 bis 3 Minuten erhitzen, den gehackten Oregano und die gehackte Petersilie darübergeben und auf Teller verteilen. Mit dem geriebenen Käse bestreuen und sofort servieren.

Paprikanudeln

IN DER TÜRKEI VERWENDET MAN DAFÜR DIE DÜNNEN FADENNUDELN, DIE ZU NESTERN GEFORMT SIND.

Für dieses Rezept sollten die dünnschaligen Paprikaschoten aus der Türkei verwendet werden, die im Sommer und im Herbst auch bei uns auf dem Markt angeboten werden: die grünen »dolma«, die feurig roten und die zartgelben Spitzschoten. Wenn nicht alle drei Farben zu bekommen sind, kann man problemlos eine Sorte weglassen. Es schadet nur der Optik, aber dem Geschmack sehr wenig. Wichtig ist allerdings, daß die Paprikaschoten schön knackig frisch sind, weil sie nur dann das nötige Aroma mitbringen. Eine geschmacklich feine Ergänzung zu diesem Pastagericht sind gebratene Krustentiere jeder Art. Besonders gut passen dazu Scampi, Scampischwänze oder Heuschreckenkrebse (wie auf dem Bild), die bei uns aber selten in den Fischgeschäften anzutreffen sind. Sie werden längs geteilt, der Darm jeweils entfernt und auf der Schnittseite zuerst gebraten.

200 g Fadennudeln

Für die Paprikasauce:

je 200 g gelbe, rote und grüne Paprikaschoten
40 g Schalotten
1 kleine Knoblauchzehe
2 EL Olivenöl
20 g kalte Butter
1/4 l Kalbsfond
1 TL Salz, frisch gemahlener weißer Pfeffer
1 TL Thymianblättchen
4 bis 5 Salbeiblätter

Außerdem:

20 g Butter
12 Heuschreckenkrebsschwänze mit Schale
Salz
frisch gemahlener Pfeffer
Thymianblättchen zum Garnieren

Die Paprikawürfel kurz mit den Schalotten und dem Knoblauch anschwitzen. Den Fond aufgießen und die Paprikawürfel bißfest garen. Die kalten Butterwürfel einrühren, bis die Sauce leicht bindet.

Für die Sauce die Paprikaschoten häuten; dafür die Schoten bei 220 °C im vorgeheizten Ofen backen, bis die Haut »Blasen wirft«, unter ein feuchtes Tuch oder in eine Plastiktüte legen und »schwitzen« lassen, dann die Haut von oben nach unten abziehen. Die Schoten der Länge nach halbieren, den Stielansatz herausschneiden, von Samen und Scheidewänden befreien und das Fruchtfleisch klein würfeln. Die Schalotten und den Knoblauch schälen und fein würfeln. In einem entsprechend großen Topf das Öl erhitzen und die Schalotten- und Knoblauchwürfel darin anschwitzen. Inzwischen die Butter in Würfel schneiden und wieder kalt stellen. Weiterverfahren, wie in der Bildfolge beschrieben. Die Sauce mit Salz und Pfeffer würzen und die Thymianblättchen und die gehackten Salbeiblätter darüberstreuen. Die Fadennudeln in sprudelnd kochendem Salzwasser al dente kochen, abseihen und gut abtropfen lassen. In einer Pfanne die Butter erhitzen und darin die Heuschreckenkrebsschwänze 3 bis 4 Minuten braten, vorsichtig salzen und pfeffern. Die Nudeln mit der Paprikasauce mischen, in Teller verteilen und die Krebsschwänze darübergeben. Man kann aber auch erst die Sauce in die Teller geben, darüber die Nudeln und die Krebsschwänze. Mit Thymianblättchen garnieren.

Mantı

DIE KLEINEN NUDELTÄSCHCHEN WERDEN ALS KLEINE DREIECKE, WINZIGE HALBMONDE ODER VIERKANTIGE HÜTCHEN GEFORMT.

Sie sollen aus Anatolien stammen, und wie bei den italienischen Ravioli sollten sie so klein wie möglich zubereitet werden. In der Türkei mischt man dem Nudelteig auch oft Maismehl bei, das den Nudeln eine rustikale Struktur gibt und einen angenehmen »Biß«.

Für den Mais-Nudelteig:
150 g Maismehl
150 g Weizenmehl Type 405, 3 Eier
3 Eigelbe, 1 EL Olivenöl, 1/2 TL Salz
frisch geriebene Muskatnuß
Für die Lammfüllung:
60 g Zwiebel, 80 g Frühlingszwiebeln
1 Knoblauchzehe, 50 g Möhre
40 g Petersilienwurzel, 5 EL Olivenöl
300 g schieres Lammfleisch
1 kleine Chilischote
je 1 EL gehackte Petersilie und Pfefferminze
1/2 TL Salz, frisch gemahlener Pfeffer
Für die Sauce:
2 Knoblauchzehen, 200 g Joghurt, 1/2 TL Salz
Außerdem:
80 g Butter, 1 EL edelsüßes Paprikapulver

Für den Teig beide Mehlsorten mischen, auf eine Arbeitsfläche häufen, in die Mitte eine Mulde drücken und die restlichen Zutaten hineingeben. Zu einem glatten Teig verarbeiten, in Folie wickeln und 1 Stunde ruhen lassen. Für die Füllung die Zwiebel schälen und ebenso wie die Frühlingszwiebeln klein würfeln. Den Knoblauch schälen und zerdrücken. Die Möhre und die Petersilienwurzel ganz fein würfeln. 3 EL Öl in einer Pfanne erhitzen, Zwiebel und Knoblauch darin hell anschwitzen. Das Gemüse zugeben und dünsten, bis es weich ist. Inzwischen das Fleisch würfeln und durch die feine Scheibe des Fleischwolfs treiben. In einer zweiten Pfanne das restliche Öl erhitzen und das Fleisch kräftig anbraten. Nach 4 Minuten zum Gemüse geben. Die Chilischote längs teilen, von Samen und Scheidewänden befreien und fein würfeln. Mit den Kräutern zur Füllung geben, salzen und pfeffern, gut durchmischen. Den Nudelteig so dünn wie möglich ausrollen. Weiterverfahren, wie gezeigt. Für die Sauce den Knoblauch schälen, zerdrücken, mit dem Joghurt vermischen und salzen. Die Nudeltäschchen auf 4 Teller anrichten und die Sauce darübergeben. Die Butter mit dem Paprikapulver schmelzen, bis sie richtig aufschäumt, und über das Gericht geben.

Den möglichst dünn ausgerollten Nudelteig in Quadrate von 4 x 4 cm schneiden. Jeweils ein Häufchen Füllung in die Mitte setzen.

Die Teigränder mit Wasser bepinseln. Die Quadrate so zusammenschieben, daß alle Spitzen oben in der Mitte aufeinandertreffen. Die Diagonalkanten fest zusammendrücken.

Die Nudeltäschchen in sprudelnd kochendes Salzwasser geben und kochen, bis sie an die Oberfläche steigen. Herausheben und abseihen.

Nudeln mit Ragout von Tauben und Zucchini

ERLESENE ZUTATEN, DIE DURCH DIE GEWÜRZE DES LANDES IHR SPEZIELLES FLAIR ERHALTEN.

Bei Gerichten dieser Art ist es sehr schwer, den Ursprung festzustellen, ob sie nun durch den italienischen oder arabischen Einfluß geprägt worden sind. Tatsächlich liegen die Regionen Nordafrikas und der Süden Italiens, vor allem Sizilien, kulinarisch gar nicht so weit auseinander.

400 g Röhrennudeln (Sigarette mezzini)
Für die Tauben:
2 küchenfertige Tauben (je 400 g)
4 EL Öl, Salz, frisch gemahlener weißer Pfeffer
1/2 TL edelsüßes Paprikapulver
Für das Ragout:
200 g Gemüsezwiebeln
1 Knoblauchzehe, 2 kleine rote Chilischoten
100 g sonnengetrocknete Tomaten in Öl

Gewürze spielen bei den Landesküchen Nordafrikas eine besonders wichtige Rolle, und sie werden auf jedem Markt in großer Auswahl angeboten. Inzwischen sind auch bei uns alle diese Gewürze erhältlich.

Auf die Zubereitung von Geflügel verstehen sich die Köche und Hausfrauen in den Maghreb-Ländern besonders gut. Im arabischen Westen ist auch der Einfluß der europäischen Kochkultur noch spürbar, und diese Kombination hat ausgesprochene Delikatessen hervorgebracht.

3 EL Olivenöl, 1 TL edelsüßes Paprikapulver
400 ml Geflügelfond
einige Safranfäden oder 1 g Safranpulver
1 Prise gemahlener Zimt
1/2 TL Kreuzkümmel
Abgeriebenes von 1 unbehandelten Zitrone
8 Zucchiniblüten (200 g) mit kleinen Zucchini
Außerdem:
Zitronenzesten

1. Die Tauben innen und außen mit kaltem Wasser waschen und trockentupfen. Das Öl mit Salz, Pfeffer und Paprikapulver verrühren und die Tau-

ben damit einpinseln. In eine feuerfeste Form legen, bei 220 °C im vorgeheizten Ofen in 20 Minuten goldbraun braten. Herausnehmen, mit Folie abdecken und etwas abkühlen lassen.

2. Die Zwiebeln schälen, in feine Streifen schneiden. Den Knoblauch schälen und in Scheibchen schneiden. Die Chilischoten quer halbieren, die Samen herauskratzen und das Fruchtfleisch in Ringe schneiden. Die Tomaten grob schneiden.

3. Das Öl in einem großen, flachen Topf erhitzen, die Zwiebeln darin glasig anschwitzen. Knoblauch und Chili kurz mitschwitzen. Die Tomaten und das Paprikapulver unterrühren, sofort den Fond aufgießen. Aufkochen, mit Safran, Zimt, Kreuzkümmel und Zitronenschale würzen und bei reduzierter Hitze etwas einkochen lassen.

4. Die Zucchini von den Blüten trennen und dritteln. Flügel und Keulen von den Tauben ablösen, das restliche Fleisch auslösen, grob würfeln. Alles in den Topf geben, 5 Minuten mitkochen.

5. Die Nudeln al dente kochen, abgießen, mit dem Ragout anrichten, Zitronenzesten aufstreuen.

Zitronennudeln mit Spargel

DIE NEUE KÜCHE ISRAELS IST HÖCHST KREATIV, GANZ BESONDERS, WENN ES UM SO EINE EINFACHE SACHE WIE NUDELN GEHT.

Frisch vom Baum wird man zumindest bei uns die Zitronen nur selten bekommen. Aber man sollte beim Händler nach »unbehandelten« fragen. In Reformhäusern oder Bioläden sind sie meist vorrätig.

Mit geriebenem Käse bestreuen – ja oder nein. Das muß wohl jeder selbst für sich entscheiden und probieren, denn in Kombination mit der säuerlichen Zitronensauce ergibt das schon einen eigenartigen, aber nicht uninteressanten Geschmack.

Voraussetzung ist aber, daß die Nudeln von bester Qualität sind, und deshalb wird jeder engagierte Koch sie selbst machen. Bei Zeitmangel kann man natürlich auf getrocknete Pappardelle zurückgreifen. Auch beim Spargel spielt die Qualität eine große Rolle. Es sollte wirklich frischer grüner Spargel sein, möglichst dünn, denn er ist besonders zart und muß nicht geschält werden.

Für den Nudelteig:
300 g Mehl Type 405, 1 Ei, 7 Eigelbe, 1 EL Öl
1/2 TL Salz, nach Bedarf 1 EL Wasser
Für den Spargel:
500 g dünner grüner Spargel, 3 EL feinstes Olivenöl
Salz, frisch gemahlener Pfeffer
Für die Sauce:
1/4 l Sahne
1/2 TL Salz, frisch gemahlener Pfeffer
1 kleine Chilischote, Saft von 1 Zitrone
Außerdem:
4 Cocktailtomaten, 10 g Butter
4 dünne Zitronenscheiben
Salz, frisch gemahlener Pfeffer
dünne Schalenstreifen von 1 unbehandelten Zitrone

1. Den Nudelteig zubereiten, wie auf Seite 9 gezeigt. Den Teig in Folie wickeln und mindestens 1 Stunde im Kühlschrank ruhen lassen. Den Nudelteig zu Pappardelle verarbeiten. Dafür den Teig mit der Nudelmaschine zur gewünschten Stärke ausrollen und mit einem Vorsatz in 1,5 cm breite Streifen schneiden.

2. Den Spargel putzen, die Enden abschneiden und die Stangen quer halbieren, es sollen etwa 8 cm lange Stücke entstehen.

3. Für die Sauce die Sahne in einer Kasserolle auf die Hälfte einkochen lassen, salzen und pfeffern. Vom Herd nehmen. Die Chilischote fein zerstoßen und mit dem Zitronensaft unterrühren.

4. Inzwischen die Nudeln in sprudelnd kochendem Salzwasser al dente kochen und abseihen.

5. Das Olivenöl in einer Pfanne erhitzen und darin den Spargel etwa 5 Minuten dünsten, salzen und pfeffern. Die Nudeln locker untermischen.

6. Die Cocktailtomaten waschen und quer halbieren. Die Butter in einer kleinen Pfanne zerlassen, die Zitronenscheiben und die halben Tomaten darin kurz von beiden Seiten angehen lassen. Mit Salz und Pfeffer bestreuen.

7. Die Nudeln mit der Sauce auf Teller anrichten, mit je 2 Tomatenhälften, 1 Zitronenscheibe und der in feine Streifen geschnittenen Zitronenschale garnieren.

Nudelcurry

FRISCHES GEMÜSE, NUDELN UND GARNELEN – MIT DEN ENTSPRECHENDEN GEWÜRZEN EIN RESPEKTABLES ESSEN.

Nudeln sind in den indischen Curries zwar eine recht seltene Zutat, dafür aber nicht minder schmackhaft – ganz besonders, wenn genügend Flüssigkeit vorhanden ist und das Curry etwa die Konsistenz eines suppigen Eintopfs hat. Wer es weniger flüssig mag, kann das Curry mit etwas Stärke binden.

350 g Vermicelli (oder andere dünne Spaghetti)
Für die Gewürzpaste:
20 g Galgantwurzel
2 Knoblauchzehen
40 g Schalotten
2 rote Chilischoten
10 g frische Kurkumawurzel
1/2 TL Cumin (Kreuzkümmel)
1/2 TL Kardamomsamen, Salz
Für die Gemüse-Garnelen-Mischung:
250 g kleine, runde Auberginen (oder normale)
200 g Spargelbohnen (oder Bobbybohnen)
450 g unreife Papaya
2 EL Pflanzenöl
200 g kleine Garnelen in der Schale
3/4 l heißer Gemüsefond
Außerdem:
10 g grobgehackte frische grüne Pfefferkörner
1 EL gehackte Petersilie

Das Mischen von Gewürzen ist in der indischen Küche Sache der Hausfrau, und die Zusammensetzung einer Currymischung wird meist von Generation zu Generation vererbt.

Curry wird im Süden Indiens und auf Sri Lanka in den besonders geformten Töpfen aus unglasiertem Ton zubereitet. Diese Töpfe weisen eine unglaubliche Stabilität auf, wenn sie gefüllt über dem offenen Feuer stehen.

1. Für die Gewürzpaste den Galgant, den Knoblauch und die Schalotten schälen, grob hacken. Die Chilischoten halbieren, die Samen entfernen und das Fruchtfleisch grob hacken. Die Kurkuma schälen und klein schneiden. Alles mit dem Cumin und dem Kardamom in einem Mörser zu einer feinen Paste verreiben, nach Bedarf salzen.

2. Von den Auberginen die Stielansätze entfernen und vierteln. Die Spargelbohnen putzen und in 4 cm große Stücke schneiden. Die Papaya schälen, halbieren, die schwarzen Samen mit einem Löffel entfernen und das Fruchtfleisch in 1,5 bis 2 cm große Würfel schneiden.

3. Das Öl in einem entsprechend großen Topf erhitzen und die Gewürzpaste unter Rühren darin angehen lassen, bis sie duftet; sie darf aber nicht verbrennen. Die Auberginen, die Bohnen und die Garnelen darin 3 Minuten anschwitzen. Die Papaya kurz mitschwitzen, den Fond aufgießen, aufkochen und weitere 3 Minuten köcheln lassen.

4. Die Nudeln in sprudelnd kochendem Salzwasser al dente kochen, abseihen und gut abtropfen lassen. Vorsichtig unter die Gemüse-Garnelen-Mischung heben und in Schälchen beziehungsweise tiefe Teller verteilen. Mit den gehackten Pfefferkörnern und der Petersilie bestreuen.

Höllisch scharf sind die Chillies ohne Zweifel, aber in einem angemessenen Verhältnis zu den anderen Zutaten sind sie auch für den europäischen Gaumen genießbar. Samen und Scheidewände sollten der Schärfe wegen entfernt werden.

Scharfe Nudelsuppe mit Garnelen

DIE LANDESKÜCHE VON MYANMAR WURDE VON DEN EINFLÜSSEN SEINER NACHBARN GEPRÄGT.

Mit Indien im Westen, China im Norden und Thailand im Osten haben die wichtigsten Kochkulturen Asiens ihre Spuren im ehemaligen Birma hinterlassen. Die indischen Curries werden, wenn auch abgewandelt, sehr geschätzt. Die Nudelgerichte sind den thailändischen sehr ähnlich. So wird auch »mohinga«, das beliebteste Gericht in Myanmar, mit Reisnudeln zubereitet. Es basiert auf einer Fischsuppe, die durch die Kurkuma kräftig gelb und durch die Chillies scharf ist. Das folgende Rezept der Nudelsuppe ist diesem »Nationalgericht« etwas ähnlich, allerdings ohne das Stück Bananenstaude, das in einem originalen Mohinga keinesfalls fehlen darf: von einer jungen Bananenstaude wird ein Stück mitgekocht.

Wer es nicht so scharf möchte, kann die Chillies häuten; es bleibt immer noch viel Geschmack erhalten, aber die Schärfe ist weniger intensiv. So kann ihre Menge sogar verdoppelt werden. Zum Häuten die Schoten ohne Öl rösten. Wenn sich braune Bläschen bilden, sofort in einen Frischhaltebeutel einschließen und 10 Minuten zum »Schwitzen« bringen. Die Haut unter fließendem Wasser ablösen.

Die ganz dünnen Reisnudeln, meist unter der Bezeichnung »rice vermicelli« gehandelt, sind ideal für diese Suppe. Ebenso taugen dünne Nudeln aus Weizenmehl für die Suppe, als Tip für Leute, die von den etwas glitschigen Reisnudeln nicht begeistert sind.

200 g Rice vermicelli
Für die Suppe:
600 g Garnelen, mittlere Größe
2 Stengel Zitronengras, 30 g Galgantwurzel
20 g Ingwerwurzel, 3 grüne Chillies
2 EL Pflanzenöl
1 1/2 l Wasser, 1 TL Salz, 4 Limettenblätter
2 rote Chillies, 2 Frühlingszwiebeln
Schale und Saft von 1 Kaffir-Limette
Außerdem:
Korianderblättchen zum Garnieren

1. Die Garnelen waschen, abtropfen lassen und das Schwanzteil vom Kopfteil abdrehen. Das Schwanzteil schälen und den Darm entfernen.

2. Das Zitronengras, die Galgant- und Ingwerwurzel klein schneiden. Die grünen Chillies längs halbieren, Samen und Scheidewände entfernen.

3. Das Öl in einem Wok erhitzen und die Garnelenschalen und -köpfe darin wenden, bis sie sich rosa färben. Das Wasser aufgießen, salzen. Zitronengras, Galgant, Ingwer und Chillies zusammen mit den Limettenblättern einrühren, zum Kochen bringen und etwa 1/2 Stunde leicht köcheln.

4. Inzwischen von den roten Chillies den Stielansatz herausschneiden, Samen und Scheidewände entfernen, das Fruchtfleisch in Ringe schneiden. Die Zwiebeln putzen, waschen und grob würfeln. Die Nudeln in genügend sprudelnd kochendem Salzwasser 1 bis 2 Minuten kochen und abseihen.

5. Die Wok-Brühe abseihen, auffangen und erneut im Wok zum Kochen bringen. Die Garnelenschwänze einlegen, die roten Chillies und die Frühlingszwiebeln einrühren. Die Suppe so lange köcheln, bis die Garnelen gar sind. Je nach Größe der Garnelen dauert es 3 bis 5 Minuten. Die Limettenschale einrühren, den Saft zugießen und nochmals abschmecken.

6. Die Reisnudeln in Schalen verteilen und die Suppe darübergießen. Mit Korianderblättchen bestreuen. Heiß servieren.

Frische Bambussprossen und Lotuswurzeln gehören zu den bevorzugten Gemüsearten in der fernöstlichen Küche, wenngleich sie auch dort nicht gerade billig angeboten werden.

Eiernudeln mit Ente und Bambussprossen

DAS ENTENFLEISCH IN THAILAND IST SO ZART WIE DAS EINES HÄHNCHENS, NUR MIT VIEL MEHR GESCHMACK.

Das folgende Rezept ist eine ganz besonders gelungene Mischung aus Fleisch, Gemüse und Nudeln. Wie bei den meisten asiatischen Nudelgerichten kann man die Zutaten ohne weiteres austauschen, zum Beispiel geht statt der Ente auch ein feistes Hähnchen, oder man wechselt das Gemüse aus.

250 g Eiernudeln (Mee)
Für die Sauce:
2 Knoblauchzehen, 2 Frühlingszwiebeln
150 g Bambussprossen (aus der Dose)
80 g Stangensellerie
1/2 Ente (etwa 800 g)
25 ml Pflanzenöl
10 g Mu-Err-Pilze, 50 ml Hühnerbrühe
2 EL helle Sojasauce
1 EL dunkle Sojasauce
1 EL Fischsauce, 1 Prise Palmzucker
frisch gemahlener weißer Pfeffer
1 TL Speisestärke, 1 EL Wasser

1. Die Nudeln in sprudelnd kochendem Salzwasser in etwa 5 Minuten gar kochen, abseihen, kalt abschrecken und sehr gut abtropfen lassen.

2. Für die Sauce die Knoblauchzehen schälen und fein hacken. Die Frühlingszwiebeln putzen und in Ringe schneiden. Die Bambussprossen in Scheiben und den Stangensellerie in dünne Stifte schneiden. Die Ente von den Knochen lösen und das Fleisch mit der Haut in Würfel mit etwa 1,5 cm Kantenlänge schneiden.

3. Im Wok 15 ml Öl erhitzen, darin die Hälfte der Knoblauchwürfel goldbraun anschwitzen. Die Nudeln dazugeben und kurz braten. Herausnehmen und warm halten.

4. Das restliche Öl im Wok erhitzen. Das Entenfleisch von allen Seiten knusprig braten, den restlichen Knoblauch einrühren und mitbraten. Die Bambussprossen, den Stangensellerie und die etwas zerpflückten Pilze untermischen und alles »pfannenrühren«. Die Brühe aufgießen. Mit der hellen und dunklen Sojasauce, der Fischsauce, dem Palmzucker und dem Pfeffer abschmecken. Die Speisestärke mit dem Wasser anrühren und den Wokinhalt damit leicht binden. Die Frühlingszwiebelringe darüberstreuen und unterrühren. Mit den Nudeln in Schalen anrichten.

In den Tempelanlagen Thailands, hier im großen Wat Phra Keo in Bangkok, sind Speisenopfer obligatorisch. In der Regel sind es Früchte und Gemüse, aber auch zubereitete Speisen.

Auf thailändischen Märkten ist die Auswahl an Kohl- und Blattgemüse groß, und man kauft nur das Beste, das Frischeste ein. So orientiert sich der Speiseplan letztlich am Marktangebot.

Luftige Reisnudeln mit Pak-Choi

DIE ASIATISCHE KOCHKUNST SCHÄTZT DEN KONTRAST BEI DER KOMBINATION DER ZUTATEN EINZELNER GERICHTE.

Bei diesem Rezept sind die konträren Strukturen einmal die fritierten Reisnudeln, die man am besten mit dem englischen Begriff »crisp« definiert, denn die Nudeln kräuseln sich richtiggehend und sind zugleich mürbe. Und zum anderen ist es die Gemüsemischung, der kulinarische Kontrapunkt: frisch, feucht und knackig. Dazu trägt der Pak-Choi bei, dessen Stiele vor allem besonders knusprig sind. Diese typisch chinesische Kohlsorte ist inzwischen bei uns genauso populär wie der Chinakohl und fast das ganze Jahr über verfügbar. Im übrigen läßt sich das Gericht ebenso mit Chinakohl zubereiten. Es sollten aber frische Exemplare mit lockeren grünen Blättern sein, die beim Pfannenrühren knusprig bleiben.

Diese luftigen Nudeln schmecken auch, nur mit Salz und Pfeffer bestreut, sehr gut – so nebenbei zum Knabbern. Die ganz dünnen »vermicelli« aus Reis taugen zum Fritieren besonders gut, weil sie ganz schnell ihr Volumen vervielfachen.

200 g Rice vermicelli
Pflanzenöl zum Ausbacken
Für die Gemüse-Garnelen-Mischung:
4 Frühlingszwiebeln, 300 g Pak-Choi
80 g Bambussprossen aus der Dose
12 Cocktailtomaten, 2 EL Pflanzenöl
250 g geschälte Garnelenschwänze
1 EL feingehackter Ingwer
50 ml Hühnerbrühe

2 EL helle Sojasauce
1 TL Speisestärke
Salz, frisch gemahlener Pfeffer

1. Die Frühlingszwiebeln putzen und schräg in etwa 1/2 cm dicke Scheiben schneiden. Den Pak-Choi waschen und in etwa 3 cm breite Streifen schneiden. Die Bambussprossen in Scheiben schneiden. Die Cocktailtomaten vom Stielansatz befreien und quer halbieren.

2. In einem Wok das Öl erhitzen und die Garnelen etwa 2 Minuten darin braten. Den Ingwer kurz mitbraten. Die Frühlingszwiebeln, den Pak-Choi, die Bambussprossen und die Cocktailtomaten unterrühren und in 2 bis 3 Minuten knackig braten. Die Brühe mit der Sojasauce und der Speisestärke gut vermischen, unter das Gemüse rühren und einige Sekunden erhitzen, bis die Sauce andickt. Eventuell mit Salz und Pfeffer nachwürzen.

3. Inzwischen die getrockneten Reisnudeln auseinanderzupfen. In reichlich Öl so lange fritieren, bis sie richtig aufgebläht sind. Herausnehmen und auf Teller verteilen und mit der Gemüse-Garnelen-Mischung anrichten.

Phad Thai

»GEBRATENE NUDELN« – DIESES SIMPLE GERICHT KANN MAN FAST ALS DAS NATIONALESSEN THAILANDS BEZEICHNEN.

Zumindest ist es das beliebteste Nudelgericht, das man in vielen Kombinationen in jedem Restaurant und an jeder Straßenecke findet. Phad Thai ist aber auch ein Basisgericht, das mit jedem Gemüse, Fleisch, Geflügel, Fisch und mit Krustentieren gemischt werden kann – oder es wird als Beilage serviert. Getrocknete Shrimps und geröstete Erdnüsse sind neben den Nudeln sozusagen »Pflicht-Zutaten«, der Rest kann variieren. Dieses Rezept mit frischen Garnelen und Jakobsmuscheln ist jedenfalls eine exquisite Form von Phad Thai.

200 g Eiernudeln
Für die Muschel-Garnelen-Mischung:
300 g Jakobsmuschelfleisch, 2 Knoblauchzehen
1 rote Chilischote, 2 Frühlingszwiebeln
40 g Bohnensprossen, 3 EL Pflanzenöl
100 g rohe Garnelenschwänze ohne Schale
30 g gehackte, geröstete Erdnüsse
Schale und Saft von 1 unbehandelten Kaffir-Limette
3 EL Fischsauce, 1 TL Zucker, Salz
1 EL frisch gehacktes Koriandergrün
Außerdem:
1 EL Pflanzenöl, 10 g getrocknete Shrimps, gemahlen
2 Eier, gut verquirlt

Opfergaben vor einem Tempel in Thailand. Blütengirlanden, Früchte, Gemüse, Eier und immer wieder Knospen oder Blüten der Lotuspflanze. Aber auch zubereitete Speisen sind dabei, die immer Reis oder Nudeln beinhalten.

1. Die Nudeln in sprudelnd kochendem Salzwasser al dente kochen, abseihen, kalt abschrecken und gut abtropfen lassen.

2. Von dem Jakobsmuschelfleisch den orangefarbenen Rogen (Corail) abziehen. Das Muschelfleisch einmal quer halbieren.

3. Den Knoblauch schälen, fein hacken. Die Chilischote halbieren, Samen und Scheidewände entfernen, das Fruchtfleisch fein hacken. Die Frühlingszwiebeln putzen und in 2,5 cm große Stücke schneiden. Die Bohnensprossen abbrausen.

4. Im Wok das Öl erhitzen. Darin das Muschelfleisch mit dem Corail und den Garnelen von allen Seiten braten. Knoblauch, Chili sowie Frühlingszwiebeln zugeben und kurz mitbraten. Die Bohnensprossen und die Erdnüsse unterrühren. Mit der abgeriebenen Limettenschale und dem Saft, Fischsauce, Zucker, Salz und Koriandergrün würzen. Aus dem Wok nehmen, warm halten.

5. Den Wok mit Küchenpapier sauber auswischen und das restliche Öl darin erhitzen. Die Nudeln zugeben und unter ständigem Rühren braten. Mit dem Shrimpspulver bestreuen, gut durchrühren. Die Eier darübergießen und bei ständigem Pfannenrühren stocken lassen. Den Wok vom Herd nehmen, die Muschel-Garnelen-Mischung unterheben und sofort servieren.

Mythische Wächter in Stein. Diese furchteinflößenden, riesigen Figuren findet man in Thailand überall vor den Tempelanlagen. Sie sind die Beschützer der buddhistischen Heiligtümer.

Eiernudeln mit Schweinefleisch

DAS FLEISCH DER KLEINEREN SCHWEINE SÜDOSTASIENS HAT WENIG FETT, DAFÜR ABER VIEL AROMA.

Die überzüchteten Kolosse von Schweinen bei uns taugen für dieses Gericht einfach nicht, sie sind viel zu fett und das Fleisch nicht zart genug. Die Spanferkel, wie wir sie am Markt oder beim Fleischer kaufen können, sind aber ein guter Ersatz, vorzugsweise das Fleisch aus der Keule.

250 g Eiernudeln
Für die Gewürzsauce:
4 Knoblauchzehen
30 g Zwiebel
20 g frischer Ingwer
20 g Zitronengras
1 EL gehacktes Koriandergrün mit Stengeln
1 TL Garnelenpaste, 1/2 TL Salz
2 kleine Chillies ohne Samen
3 EL Erdnußöl

Der Wok, diese runde Pfanne, ist für die meisten asiatischen Gerichte das richtige Gerät. »Pfannenrühren« ist eine Garmethode, die nur mit dem Wok möglich ist und die durch extrem kurze Garzeiten die typische Struktur von den frischen Produkten, vor allem Gemüse, erhält.

Knoblauch ist ein wesentlicher Bestandteil der thailändischen Küche, und entsprechend vielfältig ist auch das Angebot. Es sind meist kleine Zwiebeln, dafür aber sehr aromatisch – oder sehr mild, wie der »head garlic«, dessen Zwiebelchen anstelle der Blüten am Stengel wachsen.

Für die Fleisch-Gemüse-Mischung:
600 g Schweinefleisch ohne Knochen und Haut
3 EL Erdnußöl
200 g Frühlingszwiebeln
200 g Tomaten, 80 ml Fischsauce
2 TL dunkle Sojasauce, 1/4 TL Kurkuma
2 EL frisch gehacktes Koriandergrün
1/8 l Hühnerfond
100 g Bohnensprossen

1. Die Eiernudeln in sprudelnd kochendem Salzwasser in 4 bis 5 Minuten »knackig«, also nicht zu weich, kochen. Abseihen und beiseite stellen.

2. Für die Sauce den Knoblauch schälen. Die Zwiebel und die Ingwerwurzel schälen und grob hacken. Das Zitronengras hacken. Zusammen mit den übrigen Zutaten, aber ohne Öl, im Mixer fein pürieren. Das Öl im Wok erhitzen und das Püree 2 bis 3 Minuten bei guter Hitze unter ständigem Rühren durchschwitzen. Aus dem Wok nehmen.

3. Das Schweinefleisch in Würfel mit 1,5 cm Kantenlänge schneiden. Das Öl im Wok erhitzen und das Fleisch darin bei starker Hitze von allen Seiten kurz anbraten. So herausnehmen, daß das Öl mit dem Fleischsaft im Wok verbleibt.

4. Die Frühlingszwiebeln in Scheiben schneiden. Die Tomaten halbieren, Samen und Stielansatz entfernen, das Fruchtfleisch samt Haut würfeln. In dem heißen Öl im Wok kurz andünsten. Die Frühlingszwiebeln zugeben und etwa 1 Minute bei starker Hitze mitdünsten. Das Fleisch und die Gewürzsauce einrühren, mit der Fischsauce, der Sojasauce, dem Kurkuma und dem frisch gehackten Koriandergrün würzen. Den Fond aufgießen, die Nudeln zugeben und einige Minuten alles warm werden lassen. Zum Schluß die Bohnensprossen untermischen, sie sollen nur noch warm werden. Sofort servieren.

Die Rocklobster dieser Region sind besonders prächtig und schmecken auch entsprechend fein, vor allem wenn sie frisch heraufgetaucht wurden.

Eiernudeln mit Languste

AN DEN THAILÄNDISCHEN KÜSTEN WIRD SEAFOOD MIT NUDELN ALLER ART KOMBINIERT.

Was könnte zu Eiernudeln mit dem frischen Gemüse besser passen als Langusten. Sie sollten bei einem Gewicht von 500 g höchstens 10 Minuten gekocht werden, weil sie vor dem Servieren noch kurz gebraten werden.

200 g Eiernudeln
2 gekochte Langusten (je 500 g)
Für das Gemüse:
2 Knoblauchzehen, 10 g Ingwer
1 grüne Chilischote
2 Frühlingszwiebeln, 100 g Möhren
70 g Stangensellerie
100 g gelbe Paprikaschote
120 g Chinakohl, 3 EL Erdnußöl
Außerdem:
2 EL Fischsauce, 1 EL Austernsauce
1 Prise Zucker, frisch gemahlener Pfeffer, Salz
1 TL Thai-Basilikum in Streifen

Ko Phang-Nga, diese Bucht im Süden Thailands ist reich an Fischen und Krustentieren aller Art. An dieser Mangrovenküste findet man zum Beispiel in Panyee Island die Pfahlbauten der »Seezigeuner«, wie sie abfällig von den Thais genannt werden. Sie stammen vermutlich von den Andamanen-Inseln und sind exzellente Fischer. Spezialisiert haben sie sich vor allem auf das Trocknen von Garnelen, und für die Touristen im nahe gelegenen Phuket tauchen sie nach Langusten.

1. Die Langusten am Brustpanzer packen und den Schwanz drehend herausziehen. Den Panzer durch Drücken anknacken, von der Unterseite her aufbrechen und das Fleisch auslösen. In etwa 2 cm dicke Scheiben schneiden und dabei den Darm entfernen.

2. Für das Gemüse den Knoblauch und den Ingwer schälen, den Knoblauch in Scheiben und den Ingwer in feine Würfel schneiden. Den Stielansatz der Chilischote herausschneiden, die Samen und Scheidewände entfernen und die Schote in Ringe schneiden. Die Frühlingszwiebeln putzen und in 2 cm große Stücke schneiden. Die Möhren schälen und mit dem Buntmesser in Scheiben, den Stangensellerie in kleine Stücke schneiden. Die Paprikaschote halbieren, die Samen und Scheidewände entfernen und das Fruchtfleisch in Rauten schneiden. Den Chinakohl waschen und in Streifen schneiden.

3. Das Öl im Wok erhitzen, die Langustenscheiben kurz darin braten, herausnehmen und beiseite stellen. Den Knoblauch in dem verbliebenen Öl kurz anschwitzen. Das Gemüse untermischen und 3 Minuten pfannenrühren.

4. Die Eiernudeln in sprudelnd kochendem Salzwasser al dente kochen, abseihen und gut abtropfen lassen.

5. Das Langustenfleisch, die Nudeln und das Gemüse vermengen und würzen. Auf Teller anrichten und mit Thai-Basilikum bestreuen.

Nudelsuppe aus Laos

ÄHNLICHE NUDELSUPPEN GIBT ES ZWAR IN ALLEN LÄNDERN DES FRÜHEREN INDOCHINAS, IN LAOS IST DIE KOMBINATION VON SUPPE, NUDELN UND GEMÜSE ABER GESCHMACKLICH BESONDERS INTERESSANT.

Reisnudeln, etwa so breit wie die italienischen Trenette, nimmt man in Laos für die Suppe. Das Schweinefleisch soll nicht zu fett sein und das ideale Gemüse sind Auberginen, die langen, dünnen Exemplare.

Dort wird die Suppe meist zu gleichen Teilen aus Schweinefleisch und Süßwasserfisch gekocht, wobei es sich empfiehlt, einen Fisch mit festem Fleisch wie den Wels zu nehmen. Beim folgenden Rezept wurde der Fisch jedoch mit großem Erfolg durch Garnelen ersetzt.

200 g Reisnudeln, 2 bis 3 mm breit
Für das Fleisch:
600 g Schweinefleisch aus der Schulter
4 Knoblauchzehen
80 g Zwiebeln
40 g Stangensellerie, 3 EL Erdnußöl
1 TL Salz, frisch gemahlener Pfeffer
Für die Suppe:
2 EL Erdnußöl
1 EL frisch geriebener Ingwer
1 EL frisch gehackte Chillies (ohne Samen)
100 g geröstete, geriebene Erdnüsse
1 EL Fischsauce
1/2 l ungesüßte Kokosmilch (aus der Dose)
1/2 l Fischfond
Für das Gemüse:
1 EL Erdnußöl
200 g Aubergine, in Scheiben geschnitten
150 g grüne Bohnen, 150 g unreife Mango
100 g Bohnensprossen

Außerdem:
250 g Garnelenschwänze, mittlere Größe
Koriandergrün und Minze zum Bestreuen

1. Das Schweinefleisch in Würfel mit etwa 2 bis 3 cm Kantenlänge schneiden. Die Knoblauchzehen schälen und fein hacken oder zerdrücken, die Zwiebeln schälen und hacken und den Stangensellerie klein würfeln. In einem Wok das Erdnußöl erhitzen, das Fleisch von allen Seiten bei starker Hitze ganz kurz, aber kroß anbraten und herausnehmen. In dem Fett die Knoblauchzehen, die Zwiebel- und Selleriewürfel halb weich schwitzen und das Fleisch wieder zugeben. Mit Salz und Pfeffer würzen. Aus dem Wok nehmen und warm halten.

2. Für die Suppe in dem heißen Erdnußöl den geriebenen Ingwer, die gehackten Chillies und die geriebenen Erdnüsse anbraten und mit der Fischsauce würzen. Die Kokosmilch und den Fischfond aufgießen und etwa 10 Minuten leicht köcheln lassen. Warm stellen.

3. Das Erdnußöl im Wok erhitzen, die Auberginenscheiben von beiden Seiten darin hellbraun anbraten und warm stellen. Die grünen Bohnen putzen und halbieren. Die Mango schälen, den Stein entfernen, das Fruchtfleisch würfeln und zusammen mit den Bohnen kurz blanchieren.

4. Die Garnelenschwänze schälen und jeweils den Darm entfernen. Die Schweinefleischmischung zunächst in den Wok zurückgeben und erhitzen. Die Garnelenschwänze unterrühren und weiterbraten, bis sie ihre Farbe gewechselt haben und gar sind. Das gesamte Gemüse inklusive der rohen Bohnensprossen unterrühren. Noch einige Minuten erhitzen und warm stellen.

5. In sprudelnd kochendem Salzwasser die Reisnudeln in 4 bis 5 Minuten kochen. Herausnehmen, abseihen und in Suppenschalen anrichten. Die Fleisch-Gemüse-Mischung darüber verteilen. Zum Schluß mit der Suppe aufgießen. Mit Koriandergrün und Minze bestreuen.

Der Löwe mit dem Fischschwanz, das Wahrzeichen Singapurs, bewacht die Hafeneinfahrt der Stadt. Per Schiff kommen aber heutzutage die wenigsten Besucher. Der Stadtstaat hat einen der größten Flughäfen Asiens.

Gebratene Nudeln nach Nonya-Art

SINGAPUR, DIESE KOSMOPOLITISCHE STADT, BIETET ALLES, WAS DAS FEINSCHMECKERHERZ BEGEHRT.

Fast alle asiatischen Regionalküchen werden hier, auf engsten Raum konzentriert, angeboten, ebenso die europäische Küche und »Nonya-food«, die eigentliche originale Küche dieser Gegend an der Straße von Malakka. Sie ist wie ihre Einwohner, die »echten Singapuri«, eine Mischung aus Malaysisch und Chinesisch, und gekocht wird mit den frischen heimischen Produkten. Das Ergebnis ist eine besonders feine tropisch-asiatische Küche.

300 g Reisnudeln
Für die Fleisch-Gemüse-Mischung:
250 g gebratenes oder gekochtes Schweinefleisch
250 g Geflügelleber
2 TL Reismehl
150 g Bohnensprossen
100 g Stangensellerie
100 g rote Paprikaschote
3 bis 4 Knoblauchzehen
30 g Schalotten, 6 EL Erdnußöl
1 EL Bohnenpaste, 2 EL helle Sojasauce
1 TL Salz, 6 EL Hühnerbrühe

Reisnudeln werden in handwerklichen Betrieben täglich frisch hergestellt. In Plastikbeuteln verpackt, halten sie 2 bis 3 Tage. Aber die gleichen Nudeln sind weltweit auch getrocknet zu haben. Einziger Nachteil: Man muß sie vor dem Braten kochen.

Das »Pfannenrühren«, also das kurze Braten im Wok, ist die beliebteste Garmethode. Ein gutes Beispiel dafür sind die gebratenen Nudeln, wenngleich der Name etwas untertreibt, denn neben den Nudeln sind eine Menge Garnelen, Fleisch und Gemüse darin. Das folgende Rezept verzichtet zwar auf die Garnelen, dafür wird Geflügelleber verwendet.

Für die Garnituren:
2 Eier, 1/4 TL Salz, frisch gemahlener Pfeffer
2 EL Erdnußöl, 2 Frühlingszwiebeln
3 bis 4 rote Chilischoten, etwas Koriandergrün

1. Die Reisnudeln in sprudelnd kochendem Salzwasser 3 bis 4 Minuten kochen, abseihen und ablaufen lassen.

2. Das Fleisch in dünne Scheiben und diese in Streifen schneiden. Die Leber sauber putzen und in Stücke schneiden, mit dem Mehl bestauben. Die Bohnensprossen abbrausen, dabei die Häutchen wegspülen, gut abtropfen lassen. Den Sellerie in dünne Streifen schneiden. Die Paprikascho-

te halbieren, von Samen und Scheidewänden befreien, in dünne Streifen schneiden. Den Knoblauch und die Schalotten schälen, fein hacken.

3. Für die Garnituren die Eier verquirlen, salzen und pfeffern. Das Öl in einer Pfanne erhitzen und 2 Omeletts backen. Abkühlen lassen, zusammenrollen und in Streifen schneiden. Die Frühlingszwiebeln in Ringe schneiden. Die Chilischoten halbieren, von Samen und Scheidewänden befreien und in Stücke schneiden.

4. Im Wok die Hälfte des Öls erhitzen und darin die Schalotten- und Knoblauchwürfel hell anschwitzen. Das Fleisch zugeben und 30 Sekunden bei starker Hitze pfannenrühren. Dann die Geflügelleber ebenfalls 30 Sekunden mitbraten und das Ganze mit Bohnenpaste, Sojasauce und Salz würzen. Die Brühe angießen und 1 weitere Minute köcheln lassen. Aus dem Wok nehmen.

5. Das restliche Öl im Wok erhitzen und Sellerie, Paprika und Bohnensprossen darin etwa 1 Minute bei starker Hitze pfannenrühren. Das Fleisch wieder zusetzen, zum Schluß die Nudeln zugeben und alles miteinander vermengen. Die Mischung auf Teller oder in Schälchen anrichten und mit den Omelettstreifen bestreuen. Mit den Frühlingszwiebelringen, den Chilistücken und dem Koriandergrün garnieren.

Nudeln mit Pfefferhuhn

»DORT, WO DER PFEFFER WÄCHST«, WIRD AUCH SCHARF GEKOCHT, ABER SELTEN MIT PFEFFER.

Wie in ganz Südostasien kommt auch in der indonesischen Küche die Schärfe von den Chillies. Der Pfeffer (*Piper nigrum*) wird weniger verwendet, und wenn, wie hier, dann soll er nicht nur Schärfe bringen, sondern vor allem viel Aroma. Deshalb soll er auch nicht fein gerieben, sondern so grob im Mörser gestoßen werden, daß man beim Essen seine Körnung wahrnehmen kann.

300 g Mee-Nudeln
Für das Pfefferhuhn:
1 küchenfertiges Hähnchen (etwa 800 g)
80 g Zwiebeln, 2 Knoblauchzehen
250 g frische Ananas, 1 Stengel Zitronengras
30 g frischer Ingwer, 5 EL Erdnußöl
1 TL Salz, 1 TL Palmzucker
1 TL Shrimpspaste, 1 EL helle Sojasauce
1 EL grob gestoßener weißer Pfeffer
Für das Rührei:
1 rote Chilischote, 2 Eier, 1/2 TL Salz, 20 g Butter
Außerdem:
Pfefferminze zum Garnieren

1. Das Hähnchen innen und außen waschen, trockentupfen, entbeinen und mit der Haut in mundgerechte Stücke schneiden. Die Zwiebeln und den Knoblauch schälen und fein hacken. Von der Ananas die Blattkrone mit dem Ansatz abschneiden, die Frucht aufrecht stellen und die Schale von oben nach unten dick abschneiden, verbliebene Augen ausstechen. Quer in Scheiben schneiden, den holzigen Keil in der Mitte herausschneiden und das Fruchtfleisch würfeln. Das Zitronengras fein hacken. Den Ingwer schälen und in Scheibchen schneiden.

2. In einem Wok 3 EL Erdnußöl erhitzen und die Zwiebel- und Knoblauchwürfel darin anschwitzen. Herausnehmen. Das restliche Öl in den Wok geben und die Hähnchenstücke kräftig anbraten. Die Ananasstücke zufügen und unter ständigem Wenden weiterbraten. Das Zitronengras, Salz und Palmzucker einrühren und mit der Shrimpspaste und der Sojasauce würzen. Die Hälfte des weißen Pfeffers untermischen.

3. Die Nudeln in sprudelnd kochendem Salzwasser al dente kochen, abseihen und warm halten.

4. Für das Rührei die Chilischote halbieren, die Samen und Scheidewände entfernen und das Fruchtfleisch fein würfeln. Mit den Eiern und dem Salz verschlagen. Die Butter zerlassen, die Eimischung zugeben und ein lockeres Rührei zubereiten.

5. Das Pfefferhuhn mit den Nudeln vermischen und das Rührei darauf anrichten. Das gesamte Gericht mit dem restlichen Pfeffer bestreuen und mit Minzeblättchen garnieren.

Die frisch geernteten Körner werden in Sumatra mit den Füßen von den Pfefferrispen »getreten« und dann an der Sonne getrocknet. Das geschieht auf einer stabilen Bambusmatte. Die Körner fallen durch die Zwischenräume auf den Boden, der mit einer Matte ausgelegt ist, und die Stiele bleiben zurück.

Glasnudeln mit Seafood

DER CHINESISCHE EINFLUSS IST IN WEITEN BEREICHEN DER KÜCHE MALAYSIAS NICHT ZU ÜBERSEHEN.

Die Produkte des Landes und des Meeres sind aber die Basis dieser Regionalküche geblieben. Das trifft auf West-Malaysia ebenso zu wie auf die Insel Borneo mit den Gliedstaaten Sarawak und Sabah. Dort wird weitestgehend chinesisch gekocht, aber mit dem wunderbar tropischen Flair.

100 g Glasnudeln

Für die Seafood-Gemüse-Mischung:

1 Red Snapper von 600 g (oder 2 von je 300 g)

2 Knoblauchzehen, 120 g Zwiebeln

4 rote Chilischoten, 120 g Bohnensprossen

4 EL Öl, 200 g kleine Garnelenschwänze

Entlang der Küste Malaysias gibt es Fische fast im Überfluß. Sie werden teilweise heute noch nach traditioneller Art in den Kelongs gefangen. Das sind ins Meer hinausgebaute Pfahlbauten, von denen die Netze ins Meer gelassen werden.

Bananenblätter sind ein traditionelles und zugleich ein ideales Behältnis, um Nudelgerichte zu servieren. In einer chinesischen Schale oder einem ganz normalen europäischen Suppenteller geht's natürlich auch.

200 g Tintenfischringe

50 g rote Paprikawürfel

2 EL helle Sojasauce

1 EL dunkle Sojasauce, 1 EL Austernsauce

Salz, frisch gemahlener Pfeffer

Außerdem:

2 Frühlingszwiebeln, in Ringe geschnitten

Koriandergrün zum Garnieren

1. Den ausgenommenen Red Snapper innen und außen gründlich waschen und die Filets mit der Haut herausschneiden. Diese in Würfel mit etwa 2 cm Kantenlänge schneiden. Die Knoblauchze-

hen und die Zwiebeln schälen, den Knoblauch hacken, die Zwiebeln in Ringe schneiden. Die Chilischoten halbieren, von Samen und Scheidewänden befreien und würfeln. Die Bohnensprossen abbrausen und gut abtropfen lassen.

2. Die Glasnudeln mit kochendem Wasser übergießen, in 2 bis 3 Minuten garziehen lassen. Abseihen, kalt abschrecken, gut abtropfen lassen.

3. Das Öl im Wok erhitzen und darin erst die Fischstücke anbraten. Die Garnelen und die Tintenfischringe unter Rühren mitbraten und alles zusammen mit einem Schaumlöffel aus dem Wok nehmen und warm halten.

4. Die Knoblauch- und Chiliwürfel mit den Zwiebelringen in dem im Wok verbliebenen Öl anschwitzen. Die Paprikawürfel und die Bohnensprossen zugeben und 2 Minuten pfannenrühren.

5. Die Seafood-Mischung zum Gemüse im Wok geben. Mit den Saucen würzen, nach Bedarf salzen und pfeffern. Die Nudeln vorsichtig untermischen. Anrichten und mit Frühlingszwiebelringen und Koriandergrün bestreuen.

Frische Wasserkastanien gehören zum Standardangebot auf den chinesischen Märkten. Sie geben mit ihrer »knackigen« Struktur vielen Gerichten, zum Beispiel dieser Nudelsuppe, eine ganz besondere Frische.

Hokkien Nudelsuppe

SIE IST DIE BEKANNTESTE UNTER DEN SUPPEN ALLER CHINESISCHEN REGIONALKÜCHEN.

Auch über die Grenzen Chinas hinaus ist diese Nudelsuppe wohl bekannt, und das sicher deshalb, weil sie dem westlichen Geschmacksempfinden besonders nahe kommt. Wie bei allen kulinarischen Klassikern sind auch bei dieser Nudelsuppe die unterschiedlichsten Rezepte im Umlauf. Das folgende ist ein guter Kompromiß und schmeckt herrlich, vorausgesetzt, die Zutaten sind alle knackig-frisch – besonders die Wasserkastanien, die allerdings in unseren Breiten höchst selten frisch angeboten werden. Da muß man sich mit der Konserve behelfen.

150 g chinesische Weizennudeln
Für die Suppe:
30 g Schalotten
2 rote Chillies
1 Dose ganze Wasserkastanien (227 g)
250 g Schweinefilet

Mee, die chinesischen Weizennudeln, gibt es bei uns inzwischen in fast allen Formen und Breiten. Für die Nudelsuppe sollte man ganz schmale Bandnudeln (wie unten) oder Vermicelli wählen.

Mit Frühlingszwiebeln und Koriandergrün bestreuen, das bedeutet in Asien etwa soviel wie bei uns »mit Schnittlauch und Petersilie« das Gericht vollenden. Nun könnte man Schnittlauch und Frühlingszwiebeln vielleicht geschmacklich verwechseln, Koriander und Petersilie aber haben keinerlei Gemeinsamkeit.

150 g grüner Speck
3/4 l Geflügelfond
8 Garnelen
150 g frische Bohnensprossen
1 EL Sojasauce
1 TL Fischsauce
Für die Garnitur:
80 g Frühlingszwiebeln
1 bis 2 EL frisch gehacktes Koriandergrün

1. Für die Suppe die Schalotten schälen und in feine Streifen schneiden. Die Chillies halbieren, von Samen und Scheidewänden befreien und sehr fein hacken. Die Wasserkastanien in ein Sieb abgießen und abtropfen lassen.

2. Das Schweinefilet in kochendes Salzwasser einlegen, 20 Minuten garziehen lassen und dann in dünne Scheiben schneiden. Den fetten Speck in etwa 1 cm große Würfel schneiden.

3. Eine beschichtete Pfanne ohne Fett stark erhitzen, die Speckwürfel darin gut anbraten, wieder herausnehmen und auf Küchenpapier abtropfen lassen. Von dem Speckfett 2 EL in der Pfanne lassen. Die Schalottenstreifen darin goldgelb anbraten und beiseite stellen.

4. Den Geflügelfond aufkochen, die Nudeln, das Fleisch, die Garnelen, die Schalottenstreifen, die Chiliwürfel, die Wasserkastanien und die Bohnensprossen zugeben und 5 bis 7 Minuten darin ziehen lassen. Die Suppe mit der Sojasauce und der Fischsauce abschmecken.

5. Für die Garnitur die Frühlingszwiebeln putzen und fein hacken. Mit den Speckwürfeln und dem Koriandergrün über die Suppe streuen. In Schalen anrichten und servieren.

Won-tans

SIE GEHÖREN ZU DEN BELIEBTESTEN »SNACKS« DER CHINESISCHEN KÜCHE UND SIND RUND UM DEN GLOBUS BEKANNT.

Won-tans, auch Wan-tans genannt, sind knusprig fritierte Nudeltäschchen, die in China, vor allem in den Südprovinzen, zum Standardrepertoire der Küche gehören. Die Nudelblätter werden so preiswert angeboten, daß sich der Aufwand für das Selbermachen der hauchdünnen Blätter gar nicht lohnt. Die Füllungen lassen sich beliebig variieren. Won-tans werden mittlerweile in ganz Südostasien überall dort zubereitet, wo sich Chinesen niedergelassen haben. Sie sind Bestandteil der Nonya-Küche Malaysias und der Landesküche Indochinas. Auf den Philippinen werden sie nicht fritiert, sondern gekocht und in Hühnerbrühe serviert. Damit sich die Mühe lohnt, sollte man gleich eine größere Stückzahl dieser feinen Teigtaschen zubereiten, sie schmecken warm und kalt gleichermaßen gut.

Für 40 Stück
80 Won-tan-Blätter
Für die Füllung:
200 g mageres Schweinefleisch
100 g rohe, geschälte Garnelen
60 g Frühlingszwiebeln, 10 g Ingwer
1 Knoblauchzehe
50 g frische Sojasprossen
1 rote Chilischote, 2 TL Sesamöl
1 EL helle Sojasauce, 1 Eigelb
Salz, frisch gemahlener Pfeffer

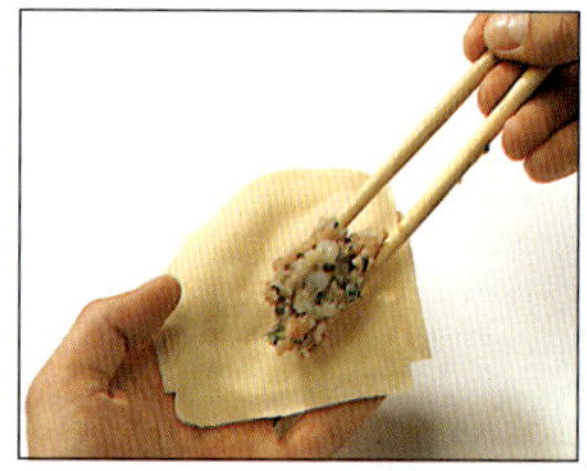

Je 2 Teigblätter übereinander auf die Handfläche legen und etwas Füllung auf das untere Drittel setzen.

Die Füllung einrollen, dabei die untere Ecke der Teigblätter über die Füllung schlagen und bis zu 2/3 der Teigfläche aufrollen.

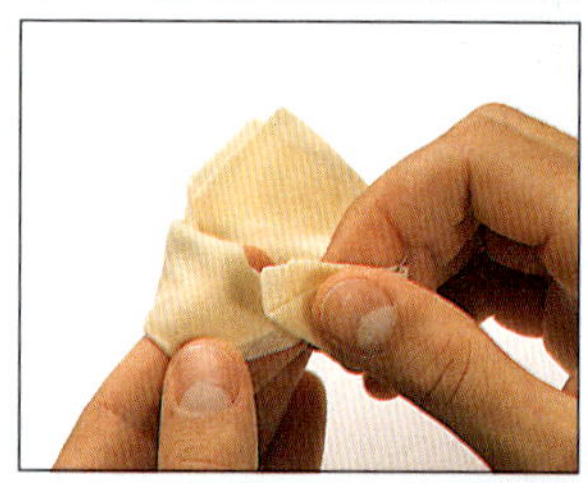

Die beiden Enden links und rechts nach vorn biegen, mit etwas Eiweiß bepinseln und fest zusammendrücken.

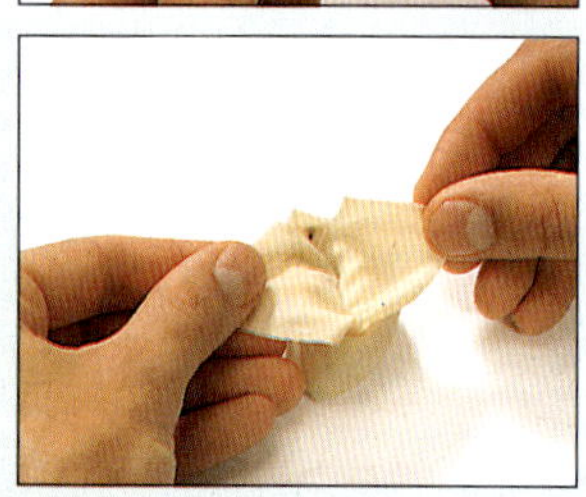

Die beiden Spitzen der Teigblätter auseinanderziehen. Bis zur weiteren Verwendung mit einem feuchten Tuch abdecken.

In Südostasien gehören die Won-tans zum ständigen Angebot der »food-stalls«. Das sind die mobilen Straßenrestaurants, die preiswertes, aber oft qualitativ sehr hochwertiges Essen anbieten.

Außerdem:
1 Eiweiß zum Bestreichen
Öl zum Ausbacken

Das Fleisch und die Garnelen ganz fein würfeln. Die Frühlingszwiebeln putzen. Den Ingwer und den Knoblauch schälen und fein hacken. Die Sojasprossen ebenso fein hacken. Die Chilischote halbieren, die Samen und Scheidewände entfernen und das Fruchtfleisch in ganz feine Streifen schneiden. Alles zusammen in eine Schüssel geben und mit dem Öl, der Sojasauce und dem Eigelb gut vermischen. Salzen und pfeffern. Die Won-tans füllen, wie gezeigt. Das Öl auf 180 °C erhitzen, die Won-tans schön hellbraun fritieren.

Nudeln mit Tofu, Fleisch und Garnelen

DAFÜR EIGNEN SICH DIE NUDELN, WIE SIE VON DEN DIM-SUM-KÖCHEN IN HONGKONG GEZOGEN WERDEN.

Nur aus Mehl und Wasser, also ganz ohne Eier, wird der Teig für die berühmten Kanton-Nudeln zubereitet. Ohne irgendwelche Hilfsmittel werden nur durch Ziehen und Dehnen hauchdünne Nudeln hergestellt, die sogar durch ein Nadelöhr passen. Auf solche frischen, handgezogenen Nudeln muß man in unseren Breiten verzichten, aber sie werden als Trockenware aus Asien eingeführt.

400 g Weizennudeln
Für die Tofu-Mischung:
250 g Tomaten
400 g Schweinefleisch
150 g Tofu
100 g Schalotten, 1 rote Chilischote
4 EL Sesamöl
300 g Garnelen, geschält, ohne Darm
300 g frische Bohnensprossen
3/4 l Kokosmilch

Tofu ist heutzutage bei uns kein Fremdwort mehr. In Asienläden, Reformgeschäften und Supermärkten gehört er zum täglichen Angebot. Beim Kauf von Tofu sollte man darauf achten, daß er kernig und fest ist und sich nicht dunkel verfärbt hat.

Der Teig wird zuerst zu einem Strang gezogen, zusammengefaltet, wieder ausgezogen, zusammengedreht, wieder ausgezogen, bis Stränge von etwa 1/2 cm Stärke entstanden sind. Erst dann werden sie reichlich mit Mehl bestaubt und weiter ausgezogen, bis zum gewünschten Ergebnis.

4 EL Bohnensauce
2 EL Fischsauce
1 TL Zucker, Salz
Außerdem:
2 EL Schnittlauchröllchen

1. Die Tomaten blanchieren, kalt abschrecken, häuten, Samen und Stielansatz entfernen und das Fruchtfleisch in Achtel schneiden. Das Schweinefleisch in 1,5 cm breite Streifen, den Tofu in Würfel mit 2,5 cm Kantenlänge, die geschälten Schalotten in feine Streifen schneiden. Die Chilischote waschen, halbieren, Samen und Scheidewände entfernen und das Fruchtfleisch fein würfeln.

2. Die Weizennudeln in sprudelnd kochendem Salzwasser in etwa 1 Minute knapp al dente kochen. Abseihen und abtropfen lassen.

3. In einem Wok das Öl erhitzen und das Fleisch scharf anbraten. Die Garnelen, die Tofuwürfel, die Sprossen, die Schalottenstreifen und die Chiliwürfelchen zugeben und mitbraten. Die Tomaten einrühren, kurz durchschwitzen. Die Kokosmilch, die Bohnensauce und die Fischsauce zugeben und unter Rühren den Zucker untermischen. Zuletzt die Nudeln zufügen und alles schnell miteinander mischen. Mit Salz abschmecken. Mit den Schnittlauchröllchen bestreuen und servieren.

Gebratene Eiernudeln mit Fleisch

»LONG LIFE NOODLES« HEISSEN SIE AUCH, DIESE CHINESISCHEN SPAGHETTI, VERMUTLICH, WEIL SIE SO LANG SIND.

Diese Eiernudeln aus Weizen sind in China auch so beliebt, da sie symbolisch für ein langes Leben stehen. Im Handel werden sie, in unterschiedlichen Stärken zu Platten gepreßt, unter ihrem korrekten Namen »Mee« angeboten. Kroß gebraten, schmecken sie besonders gut und stehen in einem interessanten Kontrast zum weichen Fleisch und Gemüse. Original chinesisch werden die Nudeln natürlich im Wok gebraten, aber einfacher geht es in einer beschichteten Pfanne.

Für das Fleisch:
300 g mageres Schweinefleisch, 2 TL helle Sojasauce
1 EL Reiswein, 1/2 TL Speisestärke
Salz, frisch gemahlener Pfeffer, etwas Palmzucker
Für das Gemüse:
1 geschälte Knoblauchzehe, 10 g geschälter Ingwer
1 rote Chilischote, 60 g rote Paprikaschote
1 Stück Zitronengras (etwa 4 g), 60 g Zucchini
30 g Zuckerschoten, 100 g Chinakohl
40 g Shiitake-Pilze, 60 g Frühlingszwiebeln
40 g Bambussprossen aus der Dose
Für die Nudeln:
250 g getrocknete dünne Eiernudeln, 100 ml Erdnußöl
Außerdem:
20 ml Erdnußöl
100 g gekochte Garnelen ohne Schale
50 ml Hühnerbrühe
2 EL helle Sojasauce, 1 EL Austernsauce

Schweinefleisch wird in der chinesischen Küche reichlich verwendet. In der Beliebtheitsskala rangiert es weit vor Lamm- und Rindfleisch, lediglich vom Geflügel wird es übertroffen. Und so gut wie alle Teile vom Schwein wandern in den Kochtopf – oft sehr phantasievoll zubereitet.

Das Fleisch in 1 cm große Würfel schneiden und in eine Schüssel geben. Sojasauce, Reiswein, Speisestärke, Salz, Pfeffer und Palmzucker zugeben. Zudecken und 1 Stunde kühl marinieren lassen. Für das Gemüse den Knoblauch in Scheibchen, den Ingwer in Würfelchen schneiden. Die Chili- und die Paprikaschote von Samen und Scheidewänden befreien und in feine Streifen schneiden. Das Zitronengras sehr fein hacken. Die Zucchini in Scheiben, die Zuckerschoten in Rauten schneiden. Den Chinakohl waschen und in etwa 2 cm große Stücke zerteilen. Von den Shiitake-Pilzen die harten Stiele abschneiden und die Hüte je nach Größe halbieren oder vierteln. Die Frühlingszwiebeln putzen und in 1,5 cm große Stücke schneiden. Die Bambussprossen in Scheibchen schneiden. Die Nudeln in sprudelnd kochendem Salzwasser al dente kochen, kalt abschrecken, auf Küchenpapier gut abtrocknen lassen. In vier Portionen teilen und braten, wie gezeigt. In einem Wok 20 ml Öl erhitzen und bei starker Hitze das Fleisch darin unter Rühren anbraten, herausnehmen und warm stellen. Knoblauch, Ingwer, Chili und Zitronengras in den Wok geben und kurz anschwitzen. Paprika und Zucchini zugeben und 2 bis 3 Minuten unter ständigem Rühren braten, Zuckerschoten, Chinakohl, Shiitake, Frühlingszwiebeln und Bambussprossen zugeben und 2 bis 3 Minuten mitbraten. Fleisch und Garnelen zufügen, mit Brühe, Sojasauce und Austernsauce abschmecken. Alles zusammen anrichten.

In einer Pfanne bei geringer Hitze die Nudeln portionsweise in nicht zu heißem Öl hellbraun braten.

Den Nudelfladen vorsichtig wenden und von der anderen Seite ebenso hellbraun braten.

Getrocknete chinesische Pilze gehören bei uns in Asienläden und Kaufhäusern inzwischen zum Standardangebot. Sie lassen sich auch gut auf Vorrat halten.

Szechuan-Nudelsuppe

DIE KÜCHE DER PROVINZ SZECHUAN IST BEKANNT FÜR BESONDERS SCHARFE, WÜRZIGE SPEISEN.

Eine Suppe wie diese würde man bei uns schon fast als Eintopf bezeichnen, denn der Inhalt ist reichhaltig und vielfältig. Die frischen Produkte werden ganz nach dem täglichen Marktangebot ausgewählt und verwendet. Da können die Nudeln schon mal zu kurz kommen.

200 g Kantonnudeln
Für die Suppe:
10 g getrocknete Mu-Err-Pilze
5 g getrocknete chinesische weiße Wolkenohrpilze
1 Frühlingszwiebel
40 g Stangensellerie
100 g mageres Schweinefleisch
100 g chinesische Mixed Pickles
1 EL Chiliöl, 800 ml Geflügelbrühe
1 EL dunkle Sojasauce
2 EL helle Sojasauce

Suppen werden in der chinesischen Speisenfolge erst in der zweiten Hälfte des Menüs serviert. Eine solch komfortable Suppe kann bei uns aber durchaus ein Hauptgericht sein, vorausgesetzt, der Teller ist nicht zu klein.

Frisches Gemüse auf einem chinesischen Markt. Bei einem solchen Angebot macht es Spaß einzukaufen, und in China läßt man dem kreativen Koch viel Freiheit.

1/2 EL Chilisauce
1/2 TL Palmzucker
Salz, frisch gemahlener Pfeffer
20 g getrocknete Garnelen
30 g gesalzene Erdnußbutter
Außerdem:
1 Frühlingszwiebel, 50 g gehäutete Erdnußkerne
Koriandergrün zum Bestreuen

1. Die getrockneten Pilze 1/2 Stunde in lauwarmem Wasser einweichen. Die Frühlingszwiebel und den Sellerie waschen und fein hacken. Das Schweinefleisch in Würfel mit 1 cm Kantenlänge schneiden. Die Mixed Pickles abtropfen lassen und in kleine Stücke schneiden. Die Pilze abseihen, gut abtropfen lassen und in Stücke teilen.

2. Die Kantonnudeln in sprudelnd kochendem Salzwasser kochen, abseihen, kalt abschrecken, gut abtropfen lassen und beiseite stellen.

3. Das Chiliöl in einer Kasserolle erhitzen und die Fleischwürfel darin anbraten. Die Frühlingszwiebel und den Sellerie mitanschwitzen. Die Brühe aufgießen, zum Kochen bringen und 5 Minuten kochen. Mit beiden Sojasaucen, Chilisauce, Palmzucker und nach Bedarf mit Salz und Pfeffer würzen. Die Mixed Pickles, alle Pilze und die getrockneten Garnelen untermischen und weitere 3 Minuten köcheln lassen. Die Erdnußbutter einrühren und schmelzen lassen. Die Nudeln in die Suppe geben und kurz erwärmen.

4. In der Zwischenzeit die Frühlingszwiebel putzen, waschen und in Ringe schneiden. Die Erdnüsse in einer beschichteten Pfanne ohne Fett goldgelb rösten und grob hacken.

5. Die Suppe in Schälchen anrichten, mit den Frühlingszwiebelringen, den gehackten Erdnüssen und dem Koriandergrün bestreuen.

Thunfisch hat in Japan etwa den gleichen Stellenwert wie bei uns das Rindfleisch, und er hat einen entsprechenden Preis auf dem Markt. Nur läßt sich der begehrte Fisch nicht wie Ochsen züchten, und deshalb wird er gnadenlos in allen Weltmeeren gejagt.

Soba-Nudeln mit Thunfisch

SIE GEHÖREN ZUR BASIS JAPANISCHER KÜCHE: DIE NUDELN AUS BUCHWEIZEN UND DER THUNFISCH.

Soba – dieses Wort steht in Japan sowohl für die Buchweizen-Pflanze als auch für ihren Samen und die vielen Nudelsorten aus dem Mehl. Buchweizen wird in Japan unterschiedlich ausgemahlen, vom Vollkorn- bis zum blütenweißen Mehl. Entsprechend vielfältig ist die Nudel-Auswahl. In Asienläden sind diese auch bei uns zu haben.

300 g Buchweizennudeln (Shinshu Soba)
Für das Gemüse:
10 g Ingwer, 1 Knoblauchzehe
1 kleine rote Chilischote, 2 Frühlingszwiebeln
150 g Pak-Choi, 80 g Shiitake-Pilze
120 g Möhren, 2 EL Sesamöl
3 EL Mirin (japanischer Würzwein)
Salz, frisch gemahlener Pfeffer
Für den Thunfisch:
350 g Thunfisch, 2 EL Sesamöl
2 EL Fischsauce, 50 ml helle Sojasauce
1 TL Speisestärke, 50 ml Wasser

1. Den Ingwer und die Knoblauchzehe schälen und fein hacken. Die Chilischote halbieren, die Samen und Scheidewände entfernen und das Fruchtfleisch würfeln. Die Frühlingszwiebeln putzen und in Ringe schneiden. Den Pak-Choi waschen, die Stiele in Streifen schneiden, die Blätter ganz lassen. Die Shiitake von den harten Stielen befreien und die Hüte ganz lassen. Die Möhren schälen, der Länge nach in Scheiben schneiden und Blüten ausstechen.

2. Die Nudeln in sprudelnd kochendem Salzwasser etwa 5 Minuten kochen und abseihen.

3. In einem Wok 1 EL Öl erhitzen, den Ingwer und den Knoblauch unter ständigem Rühren darin anbraten. Die Chiliwürfel und die Frühlingszwiebeln zugeben, kurz braten. Die Pak-Choi-Streifen und die Pilze zugeben, 2 bis 3 Minuten braten. Zum Schluß die Möhren 2 Minuten mitbraten. Mit Mirin ablöschen, salzen und pfeffern. Aus dem Wok nehmen und warm halten. Den Wok mit Küchenpapier sauber auswischen. 1 EL Öl erhitzen, die Pak-Choi-Blätter darin kurz schwenken, herausnehmen und zum Gemüse geben.

4. Den Thunfisch in Würfel mit 2 cm Kantenlänge schneiden. Das Öl im Wok erhitzen und die Thunfischwürfel darin braten, mit der Fischsauce ablöschen, die Sojasauce zugießen. Die Speisestärke mit dem Wasser anrühren, die Sauce leicht binden und abschmecken.

5. Die Nudeln kranzförmig auf Teller anordnen und mit dem Gemüse und dem Fisch anrichten.

Der Octopus und alle seine Verwandten sind in Japan begehrte Zutaten für eine ganze Menge interessanter Gerichte.

Japanischer Nudeltopf

EIN »NUDELEINTOPF« MIT GEMÜSE, HÜHNERFLEISCH, TINTENFISCH, MUSCHELN UND GARNELEN.

Die Grundlage für dieses leichte und delikate Gericht ist eine fein aromatisierte, fast klare Brühe, die »Dashi«. Sie wird als Extrakt aus Fisch und Algen in nur wenigen Minuten Siedezeit zubereitet und ist völlig fettfrei. Der dazu verwendete Seetang heißt »Kombu«, seine besten Sorten wachsen in den kühlen Gewässern vor der Küste der nördlich gelegenen japanischen Insel Hokkaido. Der zweite Bestandteil der Brühe sind geschabte Flocken von getrocknetem Bonito, einem Meeresfisch, der dem Thunfisch ähnlich ist.

130 g japanische Weizennudeln
Für 800 ml Dashi (Brühe):
20 g Kombu (Seetang), 1 l kaltes Wasser
30 g Bonitoflocken, 3 EL helle Sojasauce
2 EL Mirin, Salz, frisch gemahlener Pfeffer
Für das Gemüse:
6 Chinakohlblätter (180 g), 80 g Möhren
100 g Zuckerschoten, 200 g Spinat
200 g Venusmuscheln in der Schale
200 g Hühnerfleisch, in Würfel geschnitten
200 g Tintenfischringe
8 Garnelenschwänze ohne Schale
40 g Shiitake-Pilze
Für die Beilagen:
1 Reiskuchen (50 g), 3 Frühlingszwiebeln
1 Limette, 1 Stück Ingwerwurzel

1. Die Kombublätter feucht abreiben, in dem kalten Wasser aufsetzen und ganz langsam erhitzen, der Kochprozeß endet, wenn die ersten Blasen aufsteigen, das dauert 10 bis 15 Minuten. Mit einem Schaumlöffel herausheben und mit dem Fingernagel prüfen, ob die Blätter weich sind, ansonsten noch 1 bis 2 Minuten ziehen lassen. 80 ml kaltes Wasser zugießen und die Bonitoflocken einrühren. Sobald die Brühe wieder kocht, den Topf vom Herd nehmen, warten, bis die Flocken abgesunken sind, und die Brühe durch ein mit einem Tuch ausgelegtes Spitzsieb gießen. Mit Sojasauce, Mirin, Salz und Pfeffer würzen.

Seafood und Nudeln werden in mehreren japanischen Spezialitäten kombiniert. Der »udon suki« gehört dazu und ist ein besonders beliebter Eintopf, der vor allem auch den europäischen geschmacklichen Erwartungen entgegenkommt.

2. Die Chinakohlblätter waschen, in sprudelnd kochendem Salzwasser 1 Minute kochen, herausnehmen, gut abtropfen, auskühlen lassen und die dicken Blattrippen entfernen. Je 2 Blätter so auf ein Tuch legen, daß die Blattrippen gegenläufig liegen und die Blätter sich zur Hälfte überlappen. Straff aufrollen und dabei das verbliebene Wasser herauspressen. Fest in das Tuch rollen, wieder auswickeln, in 2,5 cm lange Stücke schneiden.

3. Die Möhren schälen und in Scheiben schneiden. Die Zuckerschoten putzen. Den Spinat waschen und von den groben Stielen befreien. Die Muscheln unter fließendem kalten Wasser gründlich abbürsten und geöffnete Exemplare verwerfen. Die Nudeln in sprudelnd kochendem Salzwasser al dente kochen und abseihen.

4. Die Brühe erhitzen. Zuerst das Hühnerfleisch, nach 5 Minuten die Tintenfischringe, nach weiteren 5 Minuten die Garnelen, nach weiteren 3 Minuten die Möhren und ganz zum Schluß für eine ganz kurze Garzeit die Zuckerschoten, den Spinat und die Pilze zugeben.

5. Inzwischen den Reiskuchen vierteln und in einer beschichteten Pfanne ohne Fett goldbraun braten. Die Frühlingszwiebeln putzen und in feine Ringe schneiden. Die Limette achteln. Die Ingwerwurzel schälen und fein reiben. Jede dieser Würzzutaten in einem Schälchen anrichten.

6. Die Nudeln und die Chinakohlröllchen in die Suppe geben, erwärmen, abschmecken und mit den Beilagen servieren.

Unter einer bestimmten Mindestgröße müssen die Hummer wieder zurück ins Wasser. Der Lobsterfang zwischen Neufundland und Boston unterliegt strengen Bestimmungen, damit der Maine lobster eines Tages nicht ebenso rar wird wie der Europäische Hummer.

Maine lobster, mit Nudeln gefüllt

DAS NENNT MAN »PASTA-LUXUS«, WENN NUDELN MIT HUMMER UND TRÜFFELN ZUSAMMENTREFFEN.

Aber eigentlich ist es, zumindest was die Zubereitung angeht, ein relativ einfaches Gericht und bei den moderaten Lobsterpreisen in USA und Kanada auch erschwinglich, bis auf die Trüffeln, die »zur Not« auch weggelassen werden können.

Für den Nudelteig:
300 g doppelgriffiges Weizenmehl Type 405
2 Eier, 4 Eigelbe, 1/2 TL Salz
Für die Sauce:
100 ml Weißwein, 2 cl Noilly-Prat
20 g gehackte Schalotten, 1/2 l Fischfond
200 g kalte Butter
Salz, frisch gemahlener weißer Pfeffer
einige Tropfen Zitronensaft
Für den Hummer:
1 Möhre, je 1 Stück Lauch und Stangensellerie
1 geschälte Knoblauchzehe, Salz
4 Hummer (je 600 g)
Außerdem:
100 g Zucchini, 20 g gehackte Schalotten
30 g gehackter Stangensellerie, 40 g Butter
feingehackte Petersilie, 20 g schwarze Trüffel

1. Den Teig zubereiten, wie auf Seite 9 gezeigt. In Folie wickeln und 1 Stunde kühl ruhen lassen. Den Teig dünn ausrollen und in 5 mm breite Tagliatelle schneiden. 1/2 Stunde antrocknen lassen.

2. Den Wein und den Noilly-Prat mit den Schalotten erhitzen, etwas einkochen lassen und mit dem Fond auffüllen. Auf die Hälfte einreduzieren. Mit der Butter in einem Mixer aufschlagen. Salzen, pfeffern und mit Zitronensaft abschmecken. Durch ein feinmaschiges Sieb passieren.

3. In einem hohen Topf reichlich Wasser mit dem Gemüse und Salz zum Kochen bringen. Nacheinander die Hummer einlegen; dabei darauf achten, daß die Flüssigkeit vor dem neuen Einlegen wieder sprudelnd kocht. Jeden Hummer mindestens 12 Minuten kochen und weitere 6 Minuten am Herdrand ziehen lassen. Herausnehmen, Schwänze und Scheren ausbrechen, die Därme entfernen. Das Schwanzfleisch in Scheiben schneiden.

4. Die Zucchini längs in dünne Scheiben schneiden, diese längs halbieren. Mit den Schalotten- und Selleriewürfeln in der Butter hell anschwitzen. Etwas Petersilie zugeben und die Hummerscheiben kurz darin wenden. Die Trüffel in feine Scheiben schneiden und zugeben.

5. Inzwischen die Nudeln in sprudelnd kochendem Salzwasser in 2 bis 3 Minuten kochen, abseihen. Mit der Hummermischung vermischen, in die gesäuberten Karkassen der Hummerschwänze füllen, mit Sauce übergießen.

Chardonnay

Soba-Nudeln und Choisum

ASIENS EINFLUSS AUF DIE KULINARISCHEN KREATIONEN DER AMERIKANISCHEN WESTKÜSTE IST UNVERKENNBAR.

Einwanderer von der anderen Seite des Pazifiks, aus Südostasien, China und Japan, haben dazu beigetragen, daß auch die traditionellen Produkte ihrer Heimatländer in den kalifornischen Städten zum täglichen Angebot gehören. So ist es nicht weiter verwunderlich, daß sich die neue, kreative Küche der Westküste dieser Produkte erfolgreich bedient. Dieses Rezept ist ein gutes Beispiel für die unterschiedlichen Einflüsse: Nudeln aus Japan, chinesisches Gemüse und Gewürze, die dem westlichen Geschmack entgegenkommen.

250 g japanische Buchweizennudeln (Soba-Nudeln)
Für das Gemüse:
80 g weiße Zwiebeln, 2 Knoblauchzehen
2 rote Chilischoten, 100 g Stangensellerie
10 g frische Ingwerwurzel, 300 g Choisum
2 EL Pflanzenöl, 1/4 l Gemüsefond
2 EL helle Sojasauce, 1 EL Fischsauce
1/2 TL Salz, frisch gemahlener Pfeffer
1 TL Speisestärke, 1 EL Wasser
Außerdem:
1 EL frisch gehackte Ingwerminze

Wie in der asiatischen Küche ist auch für solch neue Kreationen die Frische der Produkte schon der halbe Erfolg. Das gilt vor allem für das Gemüse, das inzwischen in den USA ebenso angebaut wird wie in Mitteleuropa.

Der Kontrast zwischen den weichen Nudeln und dem »knackigen Gemüse« macht den kulinarischen Charme dieser »kosmopolitischen Pasta« aus. Choisum, in Amerika heißt er »chinese flowering cabbage«, taugt dafür besonders gut mit seinen weichen Blättern und den geradezu »knusprigen« Stielen.

1. Die Zwiebeln schälen und in Ringe schneiden. Den Knoblauch schälen und fein hacken. Die Chilischoten halbieren, Samen und Scheidewände entfernen und das Fruchtfleisch fein hacken. Den Stangensellerie waschen, die Blätter entfernen und die Stangen in feine Scheibchen schneiden. Den Ingwer schälen. Den Choisum waschen, gut abtropfen lassen, den harten unteren Stiel abschneiden, die verbliebenen Stiele in etwa 1 cm lange Stücke schneiden, die Blätter ganz lassen.

2. Das Öl in einem Topf erhitzen und die Zwiebelringe, die Knoblauch- und Chiliwürfel darin hell anschwitzen. Die Selleriescheiben kurz mitanschwitzen. Den Ingwer durch eine Knoblauchpresse dazudrücken. Den Fond aufgießen und mit Sojasauce, Fischsauce, Salz und Pfeffer würzen. 10 Minuten bei geringer Hitze köcheln lassen. Die Speisestärke mit dem Wasser anrühren und die Sauce damit binden. Die Choisumstiele in die Sauce geben und 4 Minuten köcheln lassen, die Blätter zugeben und nur zusammenfallen lassen. Nochmals abschmecken.

3. Die Nudeln in sprudelnd kochendem Salzwasser in 4 Minuten gar kochen und abseihen. Unter die Sauce mischen und zusammen mit der Ingwerminze auf Teller anrichten.

Foto: California Artischoke Advisory Board, Castroville

Amerikaner haben eine Vorliebe für Artischocken, und sie produzieren auch entsprechende Mengen. Französische Siedler haben das Gemüse in Louisiana, die Spanier in Kalifornien eingeführt. Heute kommen die meisten Artischocken der USA aus den Küstenregionen Kaliforniens, wo sie den Titel »The Official Vegetable of Monterey County« tragen.

Fettuccine mit Artischocken

EINE EDLE KOMBINATION, DIE NACH EINER GUT GEWÜRZTEN SAUCE VERLANGT.

Artischocken entfalten ihr bestes Aroma, wenn sie in Begleitung einer feinen Sauce sind. Die eher geschmacksneutralen Nudeln bieten dazu eine gute Grundlage.

400 g Fettuccine
Für die Artischocken:
4 Artischocken, 1/2 l Wasser
Saft von 1 Zitrone, Salz, 20 g Butter
Für die Sauce:
200 g roh geräucherter Schinken, 4 Schalotten
2 Knoblauchzehen, 1 Chilischote, 20 g Butter
100 ml Weißwein, 4 EL Crème fraîche
Salz, frisch gemahlener Pfeffer
Außerdem:
40 g Pinienkerne, 40 g frisch geriebener Parmesan
Chilischoten zum Garnieren

Die Artischocken vorbereiten, wie gezeigt. Das Wasser mit dem Zitronensaft mischen. Für die Sauce den Schinken in Würfel mit 0,5 cm Kantenlänge schneiden. Die Schalotten und den Knoblauch schälen und fein hacken. Die Chilischote halbieren, die Samen und Scheidewände entfernen und das Fruchtfleisch fein würfeln. Die Butter in einer Pfanne erhitzen, die Schinken-, Schalotten- und Knoblauchwürfel zugeben und kurz anschwitzen. Die Chiliwürfel einrühren, den Wein zugießen und etwas einkochen lassen. Die Crème fraîche zufügen, gut durchrühren, salzen und pfeffern. Zur Seite stellen. Die Artischocken aus dem Zitronenwasser nehmen und dieses in einem Topf mit Salz und der Butter aufkochen. Die Artischocken hineinlegen und 8 bis 10 Minuten kochen. Herausnehmen, gut abtropfen lassen und zur Sauce geben. Die Fettuccine in sprudelnd kochendem Salzwasser al dente kochen und abseihen. Inzwischen die Pinienkerne in einer Pfanne ohne Fett rösten. Die Nudeln unter die Sauce mischen und nochmals erhitzen. Auf Teller anrichten, mit den gerösteten Pinienkernen und dem Parmesan bestreuen. Nach Belieben mit Chilischoten garnieren.

Den Stiel direkt unter dem Blütenansatz abtrennen. Kleine, harte Blätter rund um den Stielansatz abzupfen. Mit einer Schere die stacheligen Spitzen der Blätter abschneiden.

Von den entstielten Artischocken den oberen Teil – etwa ein Drittel der Blüte – mit einem scharfen Messer gerade abschneiden.

Die Artischocken halbieren und das Heu mit einem Löffel herausholen. In Achtel schneiden und sofort in Zitronenwasser legen, damit sie nicht braun werden.

Nudeln mit Austern in Tomatensauce

EINE DELIKATESSE, WIE SIE VOR ALLEM AN DER OSTKÜSTE DER USA ZUBEREITET WIRD.

Das reichhaltige Vorkommen an Fisch und Meeresfrüchten ist an der Ostküste der USA ein Geschenk für jeden Gourmet. Und die Köche haben sich darauf eingestellt, sie bieten eine nahezu unüberschaubare Auswahl an Gerichten mit Meeresfrüchten an. Als Beilage werden dazu immer öfter Nudeln gereicht. Dieses Rezept empfiehlt die japanischen Somen-Nudeln aus Weizenmehl.

Die Austern mit der gewölbten Seite nach unten in einem Tuch festhalten, mit einem Austernmesser am Scharnier (Schloß) einstechen und dieses durchtrennen. Mit dem Messer rundherum fahren und die obere Schale abheben. Aufpassen, daß keine Flüssigkeit verlorengeht. Die Austern mit dem Messer lösen.

An der »Oyster Bar« im New Yorker Bahnhof Grand Central Station kann man im Vorbeigehen auf die Schnelle ein paar Austern schlürfen. Doch täglich kommen viele Leute gezielt in dieses Restaurant, um eines der 200 Fisch- und Meeresfrüchtegerichte zu essen.

Der asiatische Einfluß auf die Küche Amerikas wird zumindest von den Gourmets begrüßt, die neuen Kreationen aufgeschlossen gegenüberstehen. Zum Beispiel, daß man die frischen Austern, die sonst »nur« geschlürft werden, kurz in Butter anziehen läßt und mit Nudeln und einer Sauce mit leicht chinesischem Touch serviert.

320 g Somen-Nudeln

Für die Tomatensauce:

1 Knoblauchzehe, 2 Frühlingszwiebeln
1 grüne Chilischote, 600 g Tomaten
2 EL Sesamöl, 1 EL helle Sojasauce
1 EL Austernsauce, Salz, frisch gemahlener Pfeffer
175 ml Hühnerbrühe, 1 TL Speisestärke

Für die Austern:

24 Austern, 20 g Butter
1 EL helle Sojasauce

Außerdem:

60 g durchwachsener Räucherspeck in Scheiben
1 EL Röllchen von chinesischem Schnittlauch
1 EL gehackte Petersilie, Kerbelblättchen

1. Den Knoblauch in kleine Würfel, die Frühlingszwiebeln in Ringe schneiden. Die Chilischote halbieren, Samen und Scheidewände entfernen, in feine Streifen schneiden. Die Tomaten blanchieren, häuten, vierteln, Stielansatz und Samen entfernen, in 1 cm große Würfel schneiden.

2. Das Öl erhitzen, den Knoblauch und die Frühlingszwiebeln darin kurz anschwitzen. Die Chilistreifen und die Tomaten zufügen und leicht andünsten. Mit Soja- und Austernsauce, Salz und Pfeffer würzen. Die Hühnerbrühe aufgießen und 30 Minuten leicht köcheln lassen. Mit der mit wenig Wasser angerührten Speisestärke binden.

3. Die Austern mit einem Austernmesser aus der Schale lösen, wie links gezeigt. Die Butter zerlassen und die Austern darin ganz kurz braten; sie sollen weich bleiben. Mit Sojasauce würzen. Die Austern kurz vor dem Servieren in die Sauce geben und kurz erwärmen. Den Speck in einer heißen Pfanne knusprig braten und warm halten.

4. Die Nudeln in sprudelnd kochendem Salzwasser in etwa 1 Minute al dente kochen und abseihen. Schnittlauch und Petersilie unter die Nudeln mischen. Auf vorgewärmte Teller anrichten, den Speck darauf verteilen und die Tomaten-Austern-Sauce zugeben. Mit Kerbel garnieren.

Lachsnudeln von der Westküste

VON DEM KAVIAR HÄNGT ES LETZTLICH AB, WIEVIEL MAN IN DIESE DELIKATESSE INVESTIEREN WILL.

Zu dem Räucherlachs paßt der Forellenkaviar besonders gut. Aber auch ein Keta-Kaviar schmeckt sehr gut dazu. Zum kulinarischen Hit werden die Lachsnudeln mit dem »Echten« vom Stör aus Rußland oder dem Iran. Inzwischen wird aber auch schon in Kalifornien erfolgreich, wenn auch in kleinen Mengen, Kaviar produziert.

350 g Tagliatelle
Für die Sauce:
400 ml Fischfond
1 Schalotte, 1 Knoblauchzehe
1 kleine rote Chilischote, 1 TL Butter
1/4 l Sahne, 50 g Doppelrahmfrischkäse
Salz, frisch gemahlener Pfeffer
Für den Lachs:
300 g Tomaten, 400 g Räucherlachs, 20 g Butter
Salz, frisch gemahlener Pfeffer
Außerdem:
80 g Forellenkaviar
1 EL gehackte Zitronenmelisse

Welchen Lachs man unter die Nudeln mischt, hängt sicher vom Angebot ab. Wer wählen kann, sollte aber einen King salmon oder Coho salmon (wie sie auf diesem Bild filetiert werden) nehmen. Sie sind nicht so fettreich und deshalb auch kräftiger im Aroma als der atlantische Lachs.

1. Für die Sauce den Fischfond in einen Topf geben und bei mittlerer Hitze auf etwa 50 ml reduzieren lassen. Die Schalotte und den Knoblauch schälen und fein hacken. Die Chilischote der Länge nach halbieren, von Samen und Scheidewänden befreien und das Fruchtfleisch in feine Würfelchen schneiden.

2. In einer Kasserolle die Butter zerlassen, die Schalotten-, die Knoblauch- und die Chiliwürfel zugeben und hell anschwitzen. Den reduzierten Fond und die Sahne aufgießen und unter ständigem Rühren bis kurz vor dem Siedepunkt erhitzen. Den Frischkäse grob zerteilen, zugeben und gut unterrühren. Die Sauce etwa 10 Minuten köcheln lassen. Mit Salz und Pfeffer abschmecken.

3. Inzwischen die Tomaten kurz blanchieren, kalt abschrecken, häuten, halbieren, Stielansatz und Samen entfernen. Das Fruchtfleisch in kleine Würfel schneiden. Den Räucherlachs in Würfel mit 1 bis 1,5 cm Kantenlänge schneiden.

4. Die Tagliatelle in sprudelnd kochendem Salzwasser al dente kochen, abseihen und in eine vorgewärmte Schüssel geben. Warm halten.

5. In einer Pfanne die Butter zerlassen, die Tomaten- und Lachswürfel darin kurz anschwitzen. Mit Salz und Pfeffer würzen. Zu den Tagliatelle in die Schüssel geben, die Sauce darübergießen und vorsichtig unterheben. Sofort auf 4 Teller verteilen. Mit Forellenkaviar belegen und mit gehackter Zitronenmelisse bestreuen.

Nudeln mit grünem Spargel

VERMUTLICH HABEN ITALIENER DIESE ZUSAMMENSTELLUNG AUS IHRER HEIMAT IN DIE USA GEBRACHT.

Es gehört nicht viel kulinarische Phantasie dazu, sich eine Kombination von knackig gekochtem grünen Spargel und »al dente« gekochten Makkaroni, Penne oder Tubetti vorzustellen. Das hört sich zwar mediterran an, ist aber absolut amerikanische Realität und läßt sich unter der Sonne Kaliforniens ebenso genießen wie in Italien. Dazu paßt ein mäßig trockener Weißwein aus den Staaten Washington oder Idaho wie auch ein »Gavi«, den man vermutlich in Italien dazu trinken würde.

In der Frühlingszeit ist dieses Rezept mit frischem Spargel ein Genuß. Später im Jahr können zarte Fenchelknollen oder Artischockenherzen so zubereitet werden.

In den USA wird Spargel auf riesigen Flächen angebaut. Unter der Sonne Kaliforniens wächst er an der frischen Luft mit seiner kräftigen grünen Farbe heran und entwickelt dabei einen delikaten Nußgeschmack.

Foto: Peter Schäfer, Asparagus USA, Düsseldorf

400 g Tubetti lunghi rigati

Für den Spargel:

500 g grüner Spargel

40 g Schalotten

4 Sardellenfilets, in Salz eingelegt

4 Tomaten

60 ml kaltgepreßtes Olivenöl

frisch gemahlener schwarzer Pfeffer

Außerdem:

40 g gehobelter Parmesan

Basilikum

1. Von dem Spargel die Stielenden abschneiden und nur das untere Drittel der Stangen dünn abschälen; es sollen 400 g Spargel verbleiben. Den Spargel zu einem Bündel zusammenbinden und in so viel leicht gesalzenes, sprudelnd kochendes

Wasser geben, daß er gerade bedeckt ist. Je nach Stärke der Stangen in etwa 15 Minuten gar kochen; er soll keinesfalls zu weich sein. Heraus nehmen und abtropfen lassen. Einige Stangen zum Garnieren zur Seite legen, den Rest in etwa 3 cm große Stücke schneiden.

2. Die Nudeln in sprudelnd kochendem Salzwasser al dente kochen und abseihen.

3. Die Schalotten schälen und fein hacken. Die Sardellenfilets in Stücke schneiden. Die Tomaten kurz blanchieren, häuten, vierteln, Stielansatz und Samen entfernen und das Fruchtfleisch in grobe Würfel schneiden. Das Öl in einer Pfanne erhitzen und die Schalottenwürfel darin glasig anschwitzen. Die Spargelstücke und die Nudeln zufügen und vorsichtig unterheben. Die Tomatenwürfel und die Sardellen zugeben. Pfeffern.

4. Zum Servieren zuerst die ganzen Spargelstangen auf 4 Teller verteilen. Die Nudel-Spargel-Mischung darauf anrichten. Mit gehobeltem Parmesan bestreuen und mit Basilikum garnieren.

Beim Basilikum ist rot oder grün keine Frage, ihr Aroma unterscheidet sich nicht wesentlich. Die asiatischen Basilikumsorten sollte man dafür aber nicht verwenden, weil sie mit dem Spargel in dieser Zusammensetzung nicht harmonieren.

An der Küste sind Meeresfrüchte natürlich schon wegen ihrer Frische besonders beliebt. Eine Vielfalt an Gerichten hat sich entwickelt, wie zum Beispiel dieses mit Kalmaren, aus der Familie der Tintenfische: In den USA werden sie »squids« genannt.

Penne and squid

TINTENFISCH MIT NUDELN – DER KONTRAST IN STRUKTUR UND GESCHMACK MACHT DAS GERICHT SO INTERESSANT.

Es könnte auch in Italien erfunden worden sein, vielleicht hat man diese Kombination dort schon längst ausprobiert. In Kalifornien ist das Gericht wohl deshalb so populär, weil es an der Pazifikküste in dieser Gegend von den »squids« – in Italien heißen sie »calamari« – geradezu wimmelt. Und die Penne, noch besser die größeren Pennoni, passen zu den Squids besonders gut.

300 g Penne lisce
Für die Kalmare-Mischung:
400 g Kalmare, 100 g Stangensellerie
100 g Möhren, 80 g Zwiebeln, 150 g Kirschtomaten
30 g Butter, Salz, frisch gemahlener Pfeffer
Außerdem:
grob gestoßener schwarzer Pfeffer
einige Blätter Thai-Basilikum

Die Kalmare vorbereiten, wie gezeigt, und zuletzt das transparente Fischbein aus dem Körperbeutel entfernen. Die Fangarme und den Körper kurz in kochendem Salzwasser anziehen lassen. Die Fangarme ganz lassen, den Körper in 1 cm breite Streifen schneiden. Den Stangensellerie putzen und waschen, die Möhren schälen. Beides in kleine Würfel schneiden. Die Zwiebeln fein hacken. Die Tomaten waschen und halbieren. Die Butter in einer Pfanne erhitzen und die Zwiebelwürfel darin anschwitzen. Die Sellerie- und Möhrenwürfel zugeben und kurz mitschwitzen. Die Hitze herunterschalten und alles 10 Minuten köcheln lassen. Die Penne in sprudelnd kochendem Salzwasser al dente kochen, abseihen, kurz abschrecken und beiseite stellen. Die Tomaten, die Kalmarstreifen und die Fangarme zum Gemüse geben, salzen und pfeffern. Die Penne zugeben und gut untermischen. Kurz erwärmen und auf 4 Teller anrichten. Mit Pfeffer und gehackten Basilikumblättern bestreuen und sofort servieren.

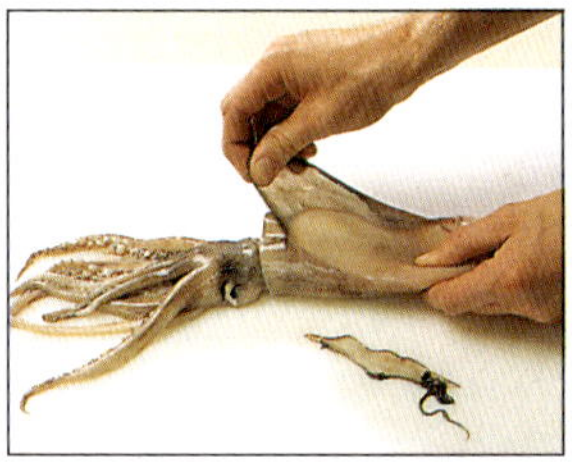

Den gewaschenen Kalmar fest mit der linken Hand anfassen und mit der rechten die Haut abziehen.

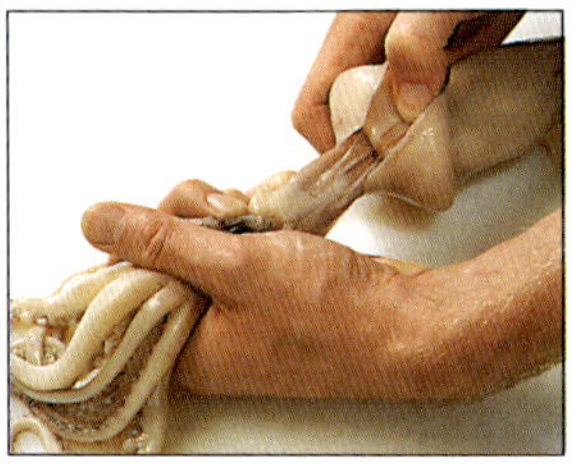

Die Fangarme (Tentakel) des Kalmars mit der linken Hand fassen und aus dem Körperbeutel herausziehen.

Die Arme knapp über den Augen so vom Kopf abschneiden, daß sie durch einen schmalen Ring verbunden bleiben.

Die Tentakel in der Mitte fassen und von unten mit dem Zeigefinger die Kauwerkzeuge herausdrücken, entfernen.

Gemüsepasta

EIN NUDELGERICHT AUS KALIFORNIEN FÜR FRÜHLING UND SOMMER, WENN ES DAS FRISCHE, KNACKIGE GEMÜSE GIBT.

Frühling ist es, zumindest was das Gemüse anbelangt, eigentlich das ganze Jahr in Kalifornien. Dieses Gericht ist ein leichtes, sommerliches Essen, das nicht belastet. Selbstgemacht sollten die Nudeln aber sein.

Für den Nudelteig:
300 g doppelgriffiges Weizenmehl Type 405
2 Eier, 3 Eigelbe, 1/2 TL Salz
Für die Gemüsemischung:
200 g Erbsenschoten, 150 g Blumenkohlröschen
120 g Austernpilze, 1 rote Chilischote
30 g Butter, 30 g Schalotten, gehackt
60 g roher Schinken, fein gewürfelt
100 g Möhren, in Scheiben geschnitten
250 g Zucchini, in Scheiben geschnitten
1 EL Basilikumstreifen, 1 TL Salz
frisch gemahlener Pfeffer
Für die Sahne-Käse-Sauce:
1/8 l Sahne, 1/8 l Hühnerfond, 100 g Gorgonzola

1. Den Teig zubereiten, wie auf Seite 9 beschrieben. Dünn ausrollen und zu Bandnudeln schneiden. Mit Mehl bestauben, antrocknen lassen.

Je frischer, desto besser, denn von der Gemüsequalität hängt weitestgehend das Ergebnis ab. Deshalb ist bei der Zusammenstellung der einzelnen Gemüsesorten das Marktangebot wichtiger als das Rezept.

Nach Belieben kann das Gericht mit 80 g Gorgonzolawürfelchen bestreut und unter dem Grill überbacken werden.

2. Die Erbsen enthülsen, es sollen 80 g Erbsen verbleiben. Die Blumenkohlröschen in Salzwasser etwa 5 Minuten kochen. Die Erbsen zugeben und weitere 3 bis 4 Minuten kochen. Abgießen und kalt abschrecken. Die Austernpilze putzen und je nach Größe ganz lassen oder halbieren. Die Chilischote halbieren, von Samen und Scheidewänden befreien und in Streifen schneiden.

3. Die Sahne mit dem Hühnerfond aufkochen. Den Gorgonzola darin schmelzen lassen.

4. In einer Pfanne die Butter zerlassen und die Schalottenwürfel darin hell anschwitzen. Den Schinken dazumischen und kurz mitbraten. Zuerst die Möhrenscheiben 3 bis 4 Minuten mitdünsten, dann die Zucchinischeiben und die Austernpilze mit den Chilistreifen unterrühren und alles zusammen 3 Minuten dünsten. Die Blumenkohlröschen und die Erbsen sowie die Sahne-Käse-Sauce untermischen und weitere 3 Minuten köcheln lassen. Die Basilikumstreifen einstreuen, mit Salz und Pfeffer abschmecken.

5. Inzwischen die Nudeln in sprudelnd kochendem Salzwasser al dente kochen, abseihen und gut abtropfen lassen. Vorsichtig unter die Gemüsemischung heben und auf Teller anrichten.

Nudeln auf einem Markt in Mexiko-Stadt. Die Auswahl ist zwar nicht italienisch, und die Formen sind teilweise etwas anders, aber man findet immer die richtigen.

Nudeln mit scharfer Fleischsauce

EIN RINDFLEISCHTOPF AUS DEM NORDEN DES LANDES, DER MIT VIEL CHILLIES ZUBEREITET WIRD.

Dieser Eintopf wird in Mexiko meist mit frisch zubereiteten Mais-Tortillas serviert, oder man ißt ein Stück Brot dazu. Er schmeckt aber auch mit Nudeln ganz hervorragend. Ob mit oder ohne Käse, das bleibt jedem selbst überlassen. Für den europäischen Geschmack kann natürlich die Schärfe vermindert werden, indem die Samen und Scheidewände aus den Chilischoten entfernt werden, da sie die Schärfe am meisten speichern. Sollten die getrockneten Schoten dabei zerbrechen, kann man sie in Wasser einweichen oder, was noch mehr Geschmack mitbringt, in einer heißen Pfanne – mit oder ohne Öl – rösten, bis sie sich aufblähen. Dann die Schoten einfach längs aufschneiden und die Samen herausstreichen. Es empfiehlt sich, dabei Handschuhe aus Kunststoff zu tragen, um Reizungen der Haut und der Augen durch unbedachtes Berühren auszuschließen.

400 g Ditali oder andere kurze Röhrennudeln
Für die Fleischsauce:
500 g mageres Rindfleisch
150 g weiße Zwiebeln
300 g Tomaten
150 g Tomatillos (Mexikanische Blasenkirschen)
1 getrockneter Pasilla-Chili
4 getrocknete Serrano-Chillies
3 EL Olivenöl
1/2 l Rinderfond
Salz
Außerdem:
gehacktes Koriandergrün zum Bestreuen

1. Das Rindfleisch in sehr kleine Würfel schneiden. Die Zwiebeln schälen und fein hacken. Die Tomaten blanchieren, häuten, Stielansatz und Samen entfernen und das Fruchtfleisch in grobe Stücke schneiden. Die Tomatillos von den papierartigen Hüllen befreien, waschen und vierteln. Die Chilischoten waschen und fein hacken.

2. Das Öl in einer Pfanne erhitzen und das Fleisch darin kräftig anbraten. Die Zwiebelwürfel, die Tomatenstücke und die Chillies untermischen und mitanbraten. Erst nur wenig – etwa 50 ml – Fond angießen, den Rest nach und nach zugießen und köcheln lassen, bis die Sauce eindickt, das dauert etwa 35 Minuten. Nach 25 Minuten die Tomatilloviertel zugeben, salzen.

3. Die Nudeln in sprudelnd kochendem Salzwasser al dente kochen, abseihen und mit der Sauce vermischen. Auf Teller anrichten und mit Koriandergrün bestreuen. Wer über die Nudeln geriebenen Käse streuen möchte, dem sei ein extraharter mexikanischer Käse oder ein Parmigiano-Reggiano empfohlen.

Chillies der Sorte Serrano werden in Mexiko zwar meist frisch verwendet, da sie dann ihr typisches Aroma entfalten, doch auch im getrockneten Zustand sind sie beliebt, denn an Schärfe verlieren sie dadurch nicht.

Chihuahua menonita, der Käse, der von den Mennoniten hergestellt wird, schmilzt schnell über den heißen Nudeln und ist entsprechend aromatisch. Deshalb ist er ideal für Pastagerichte, die nicht gratiniert werden.

Chilinudeln mit Zucchini

WENN MAN IN MEXIKO NUDELN SELBST MACHT, SOLLTEN SIE AUCH ENTSPRECHEND SCHARF SEIN.

Es ist immer schwierig, traditionelle, regionale Rezepte in andere Kulturkreise zu übersetzen. Bei dem folgenden Rezept ist es aber nicht so schlimm, denn Nudeln haben in Mexiko keine lange Tradition, und so kann man es durchaus als eine mutige Kreation betrachten, sie mit den scharfen Chillies, dem Epazote und dem mexikanischen Käse kombiniert zu haben.

Für den Nudelteig:
250 g Mehl, 2 Eier
1 Eigelb, 2 EL Öl, 1/2 TL Salz
6 getrocknete Arbol-japonés-Chillies
Für die Sahnesauce:
300 ml Sahne, 3 frische Serrano-Chillies
Salz, 1 TL Limettensaft
Außerdem:
200 g Zucchini, 20 g Butter
1 TL gehackter Epazote
80 g Mennonitenkäse, gehobelt

1. Den Nudelteig zubereiten, wie auf Seite 9 beschrieben. Dafür die Chilischoten halbieren, von

Die Chilinudeln werden kräftig mit Epazote gewürzt, einem Kraut, das aus der mexikanischen Küche nicht wegzudenken, dessen Geschmack aber schwer zu beschreiben ist. Es harmoniert jedenfalls sehr gut mit Käse, wie bei den Quesadillas, und deshalb auch mit den Nudeln, die ja reichlich mit Käse bestreut werden.

den Samen befreien, im Mörser sehr fein zerstoßen und mit dem Salz unter den Nudelteig arbeiten. In Folie wickeln und mindestens 1 Stunde im Kühlschrank ruhen lassen.

2. Für die Sahnesauce die Sahne in einem Topf auf etwa die Hälfte einkochen lassen. Die Chilischoten halbieren, von den Samen und Scheidewänden befreien, in feine Streifen schneiden, in die Sahne einrühren und mitköcheln lassen. Mit Salz und Limettensaft abschmecken.

3. Inzwischen den Nudelteig zu Lasagnette verarbeiten. Dafür den Teig zunächst mit der Nudelmaschine ausrollen, dabei die Walzen immer enger stellen, bis der Teig die gewünschte Stärke hat. Anschließend mit dem entsprechenden Vorsatz in 1,5 bis 2 cm breite Streifen schneiden. In sprudelnd kochendem Salzwasser al dente kochen, abseihen und gut abtropfen lassen.

4. Die Zucchini waschen, beide Enden abschneiden, längs in etwa 3 bis 4 mm dicke Scheiben schneiden und diese längs halbieren. Die Butter in einer Pfanne erhitzen und die Zucchinistreifen darin kurz von beiden Seiten anbraten. Die Lasagnette durchschwenken und die Sahnesauce zugießen. Nochmals durchrühren und abschmekken. Mit dem Epazote und dem Mennonitenkäse bestreuen und servieren. Für dieses Gericht kann auch ersatzweise Emmentaler oder Gruyère verwendet werden.

Fideos con salsa verde

FADENNUDELN MIT GRÜNER SAUCE, ZUBEREITET AUS TYPISCH MEXIKANISCHEN ZUTATEN: GRÜNE TOMATEN, KORIANDERGRÜN, CHILLIES.

Die grünen Tomaten für diese klassische Sauce Mexikos sind nicht etwa unreife Tomaten, sondern eine bestimmte Art, die dort auf allen Märkten angeboten wird und auch im reifen Zustand grün bleibt. Die Mexikanische Blasenkirsche (*Physalis peruviana*), span. tomatillo, ist eine tomatenähnliche Verwandte der Kapstachelbeere, deren Kelch sich als papierartige Hülle um die Frucht legt, wie es im Foto links zu sehen ist. Der typische Geschmack der Sauce kommt durch die Kombination mit den Serrano-Chillies und Cilantro (Koriandergrün) zustande. Wem die Chillies zu scharf sind, der sollte lieber die Samen und die Scheidewände entfernen, als die Anzahl der Chillies zu verringern, denn das Fruchtfleisch bringt den meisten Geschmack mit.

Die weißen Zwiebeln werden oft mit ihrem Blattgrün angeboten. Sie sind durchgehend weiß und nicht so durchsichtig, wie die braunschaligen Küchenzwiebeln. Ihre verhaltene Schärfe, in Kombination mit dem süßlichen Geschmack, macht sie so beliebt.

300 g Fadennudeln (Capellini)
Für die grüne Sauce:
150 g Tomatillos
6 Knoblauchzehen
5 Serrano-Chillies
50 g weiße Zwiebel
200 ml Wasser
1/2 bis 1 EL Koriandergrün
Salz
Für die Garnelen:
20 g Butter
20 Garnelen, geschält und gekocht
Salz, frisch gemahlener Pfeffer
Außerdem:
Koriandergrün zum Garnieren

1. Die Tomatillos von der Hülle befreien. Den Knoblauch schälen. Die Chillies halbieren, die Samen und Scheidewände entfernen. Die Zwiebel schälen und hacken. Das Wasser in einem Topf zum Kochen bringen. Die Tomatillos, 4 Knoblauchzehen, die Chillies und die Zwiebelwürfel zugeben und bei schwacher Hitze etwa 20 Minuten kochen. Die Mischung in einem Sieb abtropfen lassen und die Kochflüssigkeit aufbewahren.

2. Die restlichen Knoblauchzehen mit dem Koriandergrün im Mörser zerreiben und salzen. Die Tomatillo-Mischung und etwas Kochwasser zugeben und alles fein zerreiben. Die Sauce soll dickflüssig sein. Abschmecken.

3. Die Nudeln in sprudelnd kochendem Salzwasser al dente kochen und abseihen.

4. In der Zwischenzeit die Butter in einer Pfanne zerlassen und die Garnelen darin kurz braten. Salzen und pfeffern.

5. Die Nudeln mit der Sauce vermischen, die Garnelen vorsichtig unterheben und auf Teller anrichten. Mit Koriandergrün garnieren.

Garnelennudeln mit roter Chilisauce

EINE SAUCE, WIE SIE NUR IN MITTELAMERIKA ZUBEREITET WIRD.

Mit Chillies scharf gewürzt werden viele Speisen des Landes. Für den Europäer ist dies vielleicht verwunderlich, ist einem durch das Klima in Mittelamerika eigentlich schon heiß genug. Doch weit gefehlt: Durch die Schärfe der Chillies wird der Kreislauf angeregt, und der austretende Schweiß sorgt, in Verbindung mit einer leichten Brise,'für angenehme Abkühlung.

Für den Nudelteig:
250 g Mehl, 2 Eier, 1 Eigelb
1/2 TL Salz, 2 EL Öl
25 g getrocknete Shrimps, sehr fein gehackt
Wasser nach Bedarf

Der Markttag ist für die Kleinbauern Guatemalas ein wichtiger Tag. Ihre Ware bieten sie meist, zu Häufchen aufgetürmt, direkt auf der Straße an. Die Jüngsten der Familie müssen mit, und da kann ein Korb schon mal als Bettersatz dienen.

Foto: Ulla Mayer-Raichle

Nudeln waren in der indianischen Küche unbekannt, und sie sind im Verhältnis zu den Maisgerichten heute in dieser Region immer noch nicht besonders populär, ganz zu schweigen von solchen Spezialitäten wie diese Nudeln mit getrockneten Shrimps im Teig. Sie schmecken besonders würzig nach Garnelen und passen hervorragend zu der scharfen Chilisauce.

Für die rote Chilisauce:
8 getrocknete Serrano-Chillies, 1/4 l Wasser
180 g rote Paprikaschoten, 1 EL Weinessig
1 TL Speisestärke, 100 g Zwiebeln, 1 Knoblauchzehe
1 EL Olivenöl, 1/2 TL getrockneter Oregano
1/4 TL gemahlener Kreuzkümmel
1/2 TL brauner Rohrzucker, Salz

1. Für den Teig das Mehl auf eine Arbeitsfläche häufen und in die Mitte eine Mulde drücken. Die Eier, das Eigelb, Salz, Öl und die gehackten Shrimps in die Mulde geben. Die Zutaten in der Mulde verrühren und dabei immer mehr Mehl vom Rand miteinrühren. Das Mehl von außen

nach innen einarbeiten und zu einem glatten Teig kneten, bei Bedarf etwas Wasser zugeben. In Folie wickeln und 1 Stunde kühl ruhen lassen.

2. Für die Sauce die Chillies waschen, Samen und Stielansatz entfernen und 1 Stunde in dem Wasser einweichen. Die Paprikaschoten halbieren, Samen und Scheidewände entfernen und das Fruchtfleisch würfeln. Die Chillies mit dem Einweichwasser, den Paprikawürfeln, dem Essig und der Speisestärke im Mixer pürieren. Die Zwiebeln schälen und sehr fein würfeln. Den Knoblauch schälen und durch die Knoblauchpresse drücken. Das Öl erhitzen, Zwiebeln und Knoblauch glasig anschwitzen. Das Chilipüree unterrühren und mit Oregano, Kreuzkümmel und Zucker würzen. Unter Rühren aufkochen und zugedeckt 20 Minuten köcheln lassen. Salzen und abkühlen lassen.

3. Den Teig auf einer bemehlten Arbeitsfläche ausrollen, Streifen schneiden und diese in einer Nudelmaschine in mehreren Durchgängen ausrollen, dabei die Walzen immer enger stellen, bis der Teig entsprechend dünn ist. Mit dem Tagliatelle-Vorsatz in 5 mm breite Streifen schneiden. Auf ein Tuch legen und etwas antrocknen lassen. Die Nudeln in sprudelnd kochendem Salzwasser al dente kochen, abseihen. Mit der Sauce anrichten.

Nudeln mit Entenragout

IN SÜDAMERIKA HABEN DIE VIELEN EINWANDERER AUS ITALIEN FÜR DIE VERBREITUNG VON NUDELN GESORGT.

Bei den Nudeln hat der italienische Einfluß natürlich nicht gestoppt. Mit den Produkten der neuen Heimat haben die Einwanderer einige besonders feine Nudelrezepte entwickelt, die sich nachzukochen lohnen. Das Entenragout gehört dazu, eigentlich ein ganz einfaches Rezept, aber dennoch höchst delikat. Es wird mit Bier zubereitet, sicher ein Beitrag der deutschen Kolonie in Chile.

400 g Conchiglie
Für das Ragout:
1/2 Ente (etwa 800 g)
200 g Tomaten
200 g Aubergine
80 g Zwiebeln, 1 Knoblauchzehe
3 EL Öl, 1 EL Tomatenmark
1 EL edelsüßes Paprikapulver
1/2 l Starkbier, Salz
frisch gemahlener schwarzer Pfeffer
1 Prise Chilipulver
je 1 EL frisch gehackte Kräuter

1. Die Ente waschen und trockentupfen. Die Haut entfernen und das Fleisch von den Knochen lösen. Das Entenfleisch (auch kleinere Stücke vom Hals, von den Flügeln und Keulen verwenden) in Würfel mit 1 cm Kantenlänge schneiden.

2. Die Tomaten kurz blanchieren, häuten, vierteln, von Stielansatz und Samen befreien und das Fruchtfleisch würfeln. Die Aubergine waschen, vom Stielansatz befreien und in Würfel mit 1 cm Kantenlänge schneiden. Die Zwiebeln und die Knoblauchzehe schälen und hacken.

3. In einer Pfanne das Öl erhitzen und die Zwiebelwürfel darin hell anschwitzen. Die Fleischwürfel zugeben und scharf anbraten. Die Knoblauch- und Auberginenwürfel mit dem Tomatenmark untermischen, mit dem Paprikapulver bestauben und unter Rühren kurz dünsten. Die Tomatenwürfel untermischen. Das Starkbier aufgießen, mit Salz, Pfeffer und Chilipulver würzen und 30 Minuten kochen. Kurz vor dem Servieren die gehackten Kräuter (Petersilie und Minze) unter das Ragout rühren, etwas davon zum Garnieren des Gerichtes aufbewahren. Nochmals abschmecken.

4. Die Nudeln in sprudelnd kochendem Salzwasser al dente kochen und abseihen. Mit dem Ragout auf Teller anrichten und mit der restlichen gehackten Petersilie und Minze bestreuen.

Für ein solches Ragout passen am besten Nudeln, die sich mit dem Fleisch gut vermischen lassen. Dazu gehören alle Röhrennudeln wie die Makkaroni, Zite oder Bucatini oder die unterschiedlich geformten Muscheln.

Wenn ein Wein nach einer Rinderrasse benannt wird, wie dieser Cabernet, dann zeigt das schon ein bißchen, welchen Stellenwert die Argentinier diesen Tieren, die immer noch der Reichtum des Landes sind, beimessen.

Nudeln mit Ragout vom Rindfleisch

EIN GANZ EUROPÄISCHES ESSEN – TROTZDEM DURCHWEGS MIT DEN PRODUKTEN DES LANDES GEKOCHT.

Und Argentinien hat in puncto frischen Produkten einiges zu bieten – nicht nur das Fleisch, sondern auch besten Weizen für die Nudeln und gutes Gemüse. Und für Nudelgerichte haben die Argentinier eine Schwäche, ist doch ein großer Teil der Einwohner aus Italien eingewandert. Sie haben ihre italienische Küche mitgebracht und im Laufe der Zeit dem Land und seinen Produkten angepaßt. Für das »Rindfleischragout mit Pappardelle« sollte man sich die Zeit nehmen und den Nudelteig selbst zubereiten, nach dem Rezept auf Seite 9. Für Pappardelle wird er zu etwa 2 cm breiten Nudelbändern geschnitten.

Das Rindfleisch fürs Ragout muß vom Besten sein: aus der Hüfte oder vom Roastbeef. Auch an der Wein-Qualität sollte man nicht sparen. Ein Cabernet aus Argentinien ist dafür ideal. Auf die Blutwürste (Morcillas) kann zur Not verzichtet werden, aber sie sind besonders würzig und im Lande höchst beliebt.

Argentinien, das Land der ungezählten Rinder, hat den weltweit höchsten Pro-Kopf-Verbrauch an Rindfleisch. Gegrillte Querrippen werden hier vom Parillero zelebriert. Er ist ein Meister seines Fachs, zu erkennen an dem mit Silbermünzen bestückten Gürtel.

400 g Pappardelle

Für das Ragout:

200 g Zwiebeln
2 Knoblauchzehen
150 g Möhren, 600 g Tomaten
600 g Rindfleisch aus der Hüfte
2 EL Öl, 1 EL Tomatenmark
1/8 l Rotwein (Cabernet)
1/8 l Rinderfond
Salz, frisch gemahlener Pfeffer
Cayennepfeffer (nach Belieben)

Außerdem:

4 kleine Blutwürste (Morcillas)
1 EL gehackte Petersilie

1. Die Zwiebeln, die Knoblauchzehen und die Möhren schälen. Die Zwiebeln und den Knob-

lauch fein hacken, die Möhren klein würfeln. Die Tomaten kurz blanchieren, häuten, Samen und Stielansatz entfernen und in Würfel schneiden.

2. Das Rindfleisch von Haut und Sehnen befreien. Die Hälfte des Fleisches in etwa 1,5 cm große Würfel schneiden, die andere Hälfte durch den Fleischwolf drehen.

3. Das Öl in einer entsprechend großen Kasserolle erhitzen und darin die Zwiebel mit den Knoblauchwürfeln anschwitzen. Die Fleischwürfel darin von allen Seiten kräftig anbraten. Das Hackfleisch zugeben und unter häufigem Wenden mitbraten. Mit den Möhren genauso verfahren. Das Tomatenmark einrühren und nur kurz mitbraten, es verbrennt sehr schnell. Mit dem Rotwein ablöschen und den Rinderfond aufgießen. Mit Salz und Pfeffer würzen, eventuell mit etwas Cayennepfeffer abschmecken und das Ganze bei kleiner Hitze etwa 60 Minuten köcheln lassen.

4. Die Pappardelle in sprudelnd kochendem Salzwasser al dente kochen, abseihen und bis zum Anrichten warm halten.

5. Eine beschichtete Pfanne ohne Fett erhitzen. Die Blutwürste in Scheiben schneiden, in die Pfanne geben und ganz kurz von beiden Seiten braten. Die Nudeln auf Teller anrichten. Das Ragout und die Blutwurstscheiben daraufgeben, mit Petersilie bestreuen und sofort servieren.

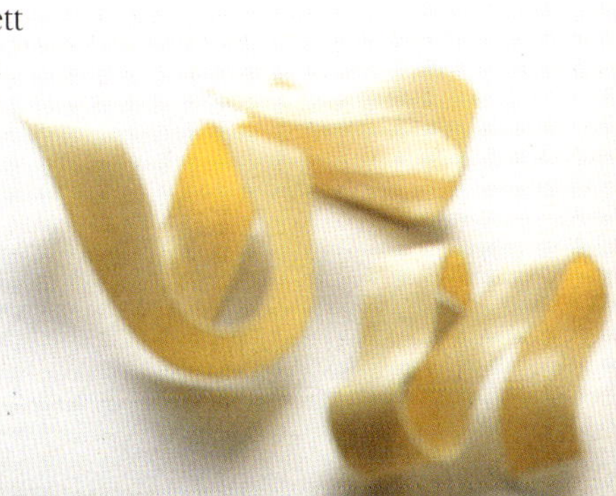

Rollholz, Messer, Topf und Sieb sind die wichtigsten Utensilien für die Nudelküche, die schon in der Standardausrüstung einer jeden Küche enthalten sind. Darüber hinaus gibt es verschiedene Geräte und Hilfsmittel, die bei speziellen Zubereitungen die Arbeit erleichtern. Jedem bleibt es dabei selbst überlassen, welche Hilfsmittel er einsetzt; diese Übersicht soll lediglich die Auswahl erleichtern.

1 Maschine zum Ausrollen und Schneiden von Nudelteig

2 Vorsatz zum Schneiden von Bandnudeln

3 Mehlsieb

4 Durchschlag

5 Teigroller mit Griffen

6 Rollholz, italienische Form

7 Spätzlebrett mit Palette

8 Sieb

9 Meßbecher

10 Baumwolltuch zum Darauflegen von gekochten Nudelblättern

11 Spatzenhobel

12 Schaumlöffel in
13 verschiedenen Größen und Längen

14 Gezackter Ausstecher

15 Glatter Ausstecher

16 Gezacktes Teigrad

17 Pizzarad, besonders scharf

18 Teigpinsel

19 Gezacktes Teigrädchen

20 Teigschaber aus Kunststoff und Metall

1 Kochtopf für lange Nudeln (»pasta lunga«)

2 Kochtopf für kurze Nudeln (»pasta corta«), gefüllte Pasta, Knödel, Gnocchi und andere

3 Schüsselsatz

4 Keramikform für Lasagne

5 Keramikformen für Aufläufe und Gratins

6 Schaumlöffel der asiatischen Küche, besonders geeignet zum Entnehmen aus dem Wok

7 Reibe für Hartkäse

8 Kartoffelpresse

9 Formen für
10 gefüllte Pasta

11 Edelstahlzange zum Anrichten von langen Nudeln

12 Holzgabel zum Entnehmen von Nudelproben

13 Holzlöffel zum Umrühren

14 Holzlöffel zum Herausheben von langen Nudeln, insbesondere Spaghetti

15 Mörser

16 Lineal

17 Alufolie

18 Messer in verschiedenen Größen

Register

Warenkundliche sowie verarbeitungstechnische Informationen sind kursiv geschrieben. Alle anderen Stichwörter beziehen sich auf die Rezepte.

IMPRESSUM

WIR DANKEN
allen, die durch ihre Beratung, Hilfe und tatkräftige Unterstützung zum Gelingen dieses Buches beigetragen haben, insbesondere:
Ristorante Bertino, Bologna, Italien; Herrn Bourdier, Ferme du Rondeau, Lavans-Vuillafans, Frankreich; Herrn Manfred Buchinger, Hotel Inter-Continental, Wien, Österreich; Herrn Dr. Cali, ICE, München; Frau Laura B. de Caraza Campos, Mexiko-Stadt, Mexiko; Herren Droutet und Barbier, Fromagerie Vacherin du Mont d'Or, Frasne, Frankreich; Herrn und Frau Dupont, Les Gentianes, Saint-Jean-de-Sixt, Frankreich; Herrn und Frau Iaccarino, Ristorante Don Alfonso, S. Agata sui due Golfi, Italien; Ristorante Gigina, Bologna, Italien; Herrn Sang Koon Sung, Pine-Court Restaurant, Hotel Mandarin, Singapur; Herrn Schmidt und Frau Ager, Ferme des Embêts, Lapoutroie, Frankreich; Herrn Yim Chee Peng, Culinary Studios Pte. Ltd., Singapur.

DER BESONDERE DANK
gilt Herrn Eduardo Ferrarini, Firma Slogan immagine e comunicazione, Bologna, Italien.

BILDNACHWEIS
S. 30/1 Foto: Société des Caves Export, Roquefort, Frankreich; S. 46/1 Foto: Demetrio Carrasco; S. 76/1 Foto: Tourismusverein Kaltern am See, Kaltern; S. 88/1 Foto: Südtirol Tourismus Werbung, Bozen; S. 188/1 Foto: California Artischoke Advisory Board, Castroville, USA; S. 194/1 Foto: Peter Schäfer, Hamburg/Asparagus USA, Düsseldorf; S. 206/1 Foto: Ulla Mayer-Raichle.

Genehmigte Lizenzausgabe für Verlagsgruppe Weltbild GmbH, Steinerne Furt, 86167 Augsburg
Copyright der Originalausgabe © 1995 by Gräfe und Unzer Verlag GmbH, München
Teubner Edition ist ein Unternehmen des Verlagshauses Gräfe und Unzer, Ganske Verlagsgruppe

Produktbeschaffung: Angelika Mayr, Pascale Veldboer
Kochstudio: Barbara Mayr, Christine Sontheimer, Walburga Streif, Helena Brügmann, Alexander Rieder
Fotografie: Christian Teubner, Odette Teubner, Bettina Gousset, Christoph Tumler, Ellen Schneider, Katharina Ziegler
Redaktion: Dr. Ute Lundberg (oec.troph.), Inken Kloppenburg, Pascale Veldboer
Layout/DTP: Gabriele Wahl, Dietmar Pachlhofer, Susanne Mühldorfer
Herstellung: Gabriele Wahl
Reproduktion: PHG Lithos GmbH, D-82132 Planegg
Umschlaggestaltung: Büro 18 – Anna Jansen, Friedberg
Umschlagmotive: Topf (oben): © Antonio S. / Shutterstock; Penne (unten): © Jon Edwards Photography / StockFood
Druck: Dr. Cantz'sche Druckerei, GmbH & Co., D-73760 Ostfildern

978-3-8289-1424-7

2012 2011 2010
Die letzte Jahreszahl gibt die aktuelle Lizenzausgabe an.

Einkaufen im Internet:
www.weltbild.de